말하지 않으면
귀신도 모른다

말하지 않으면 귀신도 모른다

발행일	2020년 4월 24일		
지은이	양재규		
펴낸이	손형국		
펴낸곳	(주)북랩		
편집인	선일영	편집	강대건, 최예은, 최승헌, 김경무, 이예지
디자인	이현수, 한수희, 김민하, 김윤주, 허지혜	제작	박기성, 황동현, 구성우, 장홍석
마케팅	김회란, 박진관, 장은별		
출판등록	2004. 12. 1(제2012-000051호)		
주소	서울특별시 금천구 가산디지털 1로 168, 우림라이온스밸리 B동 B113~114호, C동 B101호		
홈페이지	www.book.co.kr		
전화번호	(02)2026-5777	팩스	(02)2026-5747

ISBN	979-11-6539-153-9 03320 (종이책)	979-11-6539-154-6 05320 (전자책)	

이 도서의 국립중앙도서관 출판예정도서목록(CIP)은 서지정보유통지원시스템 홈페이지(http://seoji.nl.go.kr)와
국가자료공동목록시스템(http://www.nl.go.kr/kolisnet)에서 이용하실 수 있습니다.
(CIP제어번호: 2020016026)

소통이 단절된 시대를 돌파하기 위한 대화의 기술

말하지 않으면
귀신도 모른다

양재규 **지음**

북랩 book **Lab**

차례

잘 사는 일체의 비결

사람에 관한 괜찮은 생각

Part 3

사람을 살리는 말하기

잘 사는
일체의 비결

사실 중요하고 소중한 것은 가까이 있고 단 한 번도 사라진 적이 없다. 다만 우리가 알아보지 못하고 늘 뒤늦게 깨달을 뿐이다. 잘 사는 일세의 비결은 그 소소하고 소중한 것을 알아차리고 우리의 인생 안에서 만끽하고 누리는 데 있다.

서신 수건

빳빳하고 거칠게 잘 마른 수건이고 싶다.

수건의 쓰임새는 물기를 닦아내는 데 있기에, 부드러운 수건보다는 거칠게 마른 수건이 좋다.

빨고 또 빨아서 거칠고 빳빳하지만, 그러기에 더 자신의 쓰임새에 충실한 그런 수건이 좋다.

뒤돌아보면 힘든 시절을 보냈다.

생각하고 싶지 않은 시절이었지만, 그것은 또한 살아갈 힘이 되는 밑거름이 되었다.

너무나도 긴 시간 동안 너무나도 여러 번 세탁기에서 몸부림치며 씨름하니 이제 조금은 수건 같은 수건이 되어 가는 것 같다.

찢기고 험난했던 여정을 경험하니 이제 바짝 마른 수건이 된 것 같다.

거칠고 마른 수건이 물기를 잘 빨아들이듯이, 아픈 만큼 성숙해져서 그 마음을 알고 남의 눈물 닦아 주는 그런 사람이기를.

빨래 바구니에 던져지더라도 또다시 마른 수건이 되어 닦아

말하지 않으면
귀신도 모른다

주기를.

비 내리는 새벽, 찬물에 세수하고 거친 수건으로 얼굴을 닦는다.

내 삶의 모든 순간에 감사한다.

길이 보이지 않을 때

길이 보이지 않을 때….

돌아갈 길도 없을 때….

뚜벅뚜벅 앞으로 가는 수밖에 없지만, 이도 저도 힘들 때.

사람에게는 누구나 막막하고 힘든 순간이 온다.

그것은 건강의 문제, 경제적 문제, 관계의 문제처럼 여러 가지 문제로 우리 앞에 밀려들지만, 모든 것은 그 위기를 어떻게 받아들이고 넘어서느냐가 관건이다.

어리석은 사람은 자신에게 닥친 모든 문제를 부정적으로 해석하고 낙담하나, 현명한 사람은 보이지 않아도 바라고 믿고 구하며 낙심하지 않는다.

사람은 넘어 무너지지 않는다.

절대 포기하지 말아라.

모든 것이 잘될 것이다.

멋진 꿈을 꾸며 길이 보이지 않는 그곳에서부터 뚜벅뚜벅 걸어가라.

믿음의 길. 언젠가 그 길에서 고뇌하던 오늘을 잊지 않기를, 오직 그것만 기도하여라.

걷다 보면 도착할 것이다.

열심히 말고 꾸준히

무엇을 하든지 가장 이상적인 것은 열심히 최선을 다해 즐거운 마음으로 감사하며 꾸준히 하는 것이다. 그러나 말이 쉽지, 어디 그렇게 할 수 있는가?

사람은 기계가 아니기에 지치고 낙심하며, 끝이 보이지 않고 열매가 없으면 포기한다.

여기에서 성패가 갈리는 것이다.

똑같이 24시간을 사는데 어느 때에 가면 누군가는 무언가를 이루고 누군가는 빈손이다.

그 성공의 비결은 단순하다.

'꾸준함'

지속한다는 것은 무리가 따르지만, 여기 좋은 해법이 있다. 보이지 않더라도, 열매가 없더라도, 신뢰함으로 꾸준히 가는 것이다.

우스갯소리로 "가다가 못 가면 아니 간 것만 못하니라."라는 속담을 초긍정적으로 해석해서 "가다가 못 가면 간 만큼 이득이다."라는 말이 있듯이, 일단 한 발을 내디뎌라. 일단 시작하라!

지치고 힘들면 잠시 숨을 고르고 또 일어나서 가라!

믿음을 가지고 담대하게 가라!

오늘 굶고 운동을 세 시간 했다고 해서 다이어트에 성공하는 것은 아니다.

영어 공부를 하든지, 다이어트를 하든지 매일 조금씩 반복하는 그것만이 열매가 된다. 좌절과 낙심, 의심과 두려움은 선한 것이 아니기에 거부하라!

너무 열심히 하다 지쳐서 포기하지 말고 숨을 고르되 놓지 말고 꾸준히 하라!

꿈이 있나면 신택하고 도전하리!

우리가 선을 행하되 낙심하지 말지니 포기하지 아니
하면 때가 이르매 거두리라

– 갈라디아서 6:9

'성취감'으로 성장하기

두렵고 하기 싫어서 미뤄 둔 그것을 지금 하라!

어느 날부터 아들 녀석이 침대 타령이다.

언제까지 딱딱한 바닥에서 잘 거냐며 투덜거리는 걸 보다 못
한 아내와 나는 침대를 아들 방에 놓기로 결정했다. 그런데 공
간이 문제였다.

부모님이 쓰시던 방에 아들 방의 장롱 두 짝을 집어넣으면 자
리는 딱 나오겠는데, 그러려면 부모님 방의 책장을 옆으로 옮기
고 아들 방의 책장 하나를 거실로 빼고 장롱 두 짝을 부모님 방
에 넣고 아들 방의 책장 두 개를 옆으로 밀고…

생각만 해도 머리가 무거워서 엄두를 못 내고 있었다.

책장 하나를 옮기려고 책을 다 빼놓고 며칠을 방치했다. 혼자서 해 보려니 도저히 엄두가 안 나서 부모님이 쓰시던 방의 문을 닫아 버렸다.

고통을 회피하려고 내 눈에 안 보이게 하는 지극히 유아적인 행동이었다.

그러다 미루고 미루던 일을 어제 해 버렸다.

순식간에 장롱의 옷 등을 빼내고 가까이 사시는 아버지에게 도움을 요청해서 장롱 두 짝을 옮겼다. 해냈다. 그야말로 짧은 시간에 끝났다. 생각만 해도 힘들고 늘 머릿속에서만 해야지, 해야지 했던 일을 해내고 나니 속이 시원하고 내가 큰일을 해낸 것처럼 뿌듯했다.

'작은 성취감'을 느끼고 내가 한 뼘 성장하는 순간이었다.

한 달 전부터 나를 괴롭혀 온 숙제를 오늘 대면했다.

네 번째 책을 마무리해야 하는데 한 달 동안 손을 놓고 있었다. 마무리해서 책으로 나와야 하는데 조금 부족한 그것을 정리하는 게 부담스럽고 힘들어서 외면하고 있었다. 머릿속에선 계속 생각하지만, 몸은 컴퓨터 앞에 앉기를 거부하고 어디서부터 정리해야 할지 막막해서 무작정 덮어놓고, 내가 지금 책을 마무리하시 못하는 이메ㄴ 께스크ㄱ 집중력이 약해서가 아니라 잠시 숨 고르기를 하는 것이라고 어쭙잖은 합리화를 시키고 있었다. 두려웠던 것이다.

그러나 미루고 미루던 장롱과 책장을 한 번 옮기고 나니 자신감이 생겼다. 무작정 장롱의 옷가지를 빼내서 일을 시작했던 것처럼, 억지로 컴퓨터를 켜고 마무리할 책의 파일을 열었다. 일단 열었다. 한 발을 내디딘 것이다.

생각만 하던 두려움과 대면했다.
해낼 수 있을 것 같다.
두려움은 존재하지 않는다.
한 발을 내디딜 때 두려움은 사라지고
하다 보면 이루어지는 성취감은 나를 성장시킨다.

다이어트 중이다.
몸이 점점 불어나서 계단을 오르기도 힘에 부쳤다.
'살 빼야 하는데….' 이 생각은 머릿속에 항상 있었으나, '에이, 그거 힘든 거야.', '살 빼기가 어디 쉽나?', '사람이 먹는 즐거움이 없으면 어떻게 해?' 하며 나는 또 무언가를 먹고 있었다.
다이어트가 두려웠던 것이다. 먹는 기쁨을 포기한다는 것이

고통이었고 운동 자체도 괴로움이라 회피하고 싶었던 것이다. 지금은 다이어트를 시작한 지 한 달이 되어 간다. 4kg 정도 감량했다. 무언가를 시작해서 해나가고 있다는 생각에 나 자신이 대견하고 자신감이 샘솟는다.

고통 없는 결과는 없다.

무언가를 이루고 싶다면 지금 실행하라.

고통 뒤에는 성취감이 따르고 성취감은 자존감을 키우며 희망을 갖게 하는 견인차 구실을 한다. 영어를 잘하는 방법은 현지에서 사는 것이 가장 좋으나, 그럴 수 없다면 매일 조금씩 꾸준히 연습하는 것이 가장 좋다. 관건은 '매일 조금씩 꾸준하게.'다.

한 걸음 더 나아가 꾸준하게, 더욱더 앞서는 것은 시작하는 것이다.

로또에 당첨되려면 로또를 사야 하듯이, 영어를 잘하려면 일단 영어 학원에 등록하든지 책을 펴서 시작하든지 무엇이든 한다. 그다음에 '꾸준히'다.

생각만 하면 이루어지는 것은 아무것도 없다.

실행해서 작은 성취감을 맛보아라.

그 성취감이 당신을 성장시킬 것이다.

감성이라는 깃이

아무 생각 없이 걷다 오자.

언제부턴가 눈이 뻑뻑하다.

잠이 많아지고 몸은 무겁고 비대해진다.

고개를 돌려 거울을 이리저리 봐도 어딘지 어색하고 어울리지 않는 얼굴이 거기 있다.

머리카락을 자르면 달라질까⋯. 머리를 자르고 엘리베이터 거울에 비친 내 모습에 만족한다.

하나 그것도 잠시뿐.

눈이 쓰려서 인공 눈물을 넣는다.

언제나 그랬다.

감정이라는 것이 꼭 말썽이다. 나에게 뻔히 득이 되지 않을 걸 알면서도 놓지 못하고 꼬깃꼬깃해진 감정을 펴 보며 헛웃음을 짓는다. 감정의 골을 깊게 가지고 있을수록 결국엔 나만 외로이 떨어져 나갔다. 급하게 공감하고 그들의 편이 되어 주고 함께하지만, 이내 말을 바꾸고 얼굴을 바꾼다.

하나만이 존재하지 않는다는 걸 꼭 뒤늦게서야 깨닫게 되었다. 나는 어느새 적응하기 힘든 감상적인 사람이 되어버린 듯 무기력해져 간다. 나와 함께 정의감에 불타 비판하던 사람들은 정신을 차리고 그들 편으로 돌아섰다. 아니, 원래부터 내 편이 아니었을 거다. 정의는 그때그때 다른 거라는 걸 꼭 혼자가 될 때 깨닫는다.

결국 언제나처럼 나는 감정 하나 추스르는 데 너무나 오랜 순간들을 허비한다. 언젠가부터 맞장구쳐 주는 사사로운 것에서부터 도움을 요청하는 대부분을 거절한다. 말과 함께 감정을 될 수 있으면 드러내지 않으려 한다.

나를 필요로 하는 사람들로부터 한 발짝 떨어져 있는 것이 지혜로울 것 같다.

나라 꼴이 이게 뭐냐고, 내 주위가 이 지경이라고 주저앉아 있다면 언제나 그 시람만 바보가 되는 짓이다.

앞이 막막하고 되는 일이 없다면

유익이 되는 무엇이든 하라.

살다 보면 매번 좋은 일만 있는 것은 아니다.

절망과 희망 없음으로 아무 일도 일어나지 않으며 앞이 보이지 않아 막막하여 기대조차도 사치로 치부되고 안색은 어두워지고 온몸에 힘이 빠져나가며 영혼이 서서히 잠식되고 영원히

어둠이 걷힐 것 같지 않은 석막.

나만 힘들고 다른 사람은 잘 사는 것 같다.

나만 어렵고 다른 사람은 걱정이 없는 듯하다.

나만 일이 없고 다른 사람은 바쁘게 사는 것 같다.

나를 알아주는 사람도, 찾는 사람도 없으니 힘이 빠지고 우울해지고 주눅이 들어 동굴 속으로 들어간다. 신세를 한탄하며 술만 마시든지, 잠만 잔다든지, 나태하고 게을러지며 아무것도 하지 않는다.

세상에서 나 혼자만 힘들고 어려운 것 같은데 돌아보면 인생을 살아가는 수많은 사람에게는 아파도 제대로 울지 못할 시련 하나쯤은 있다. 이겨내고 버티고 견뎌내라.

버티고, 버티고 또 버텨라.

누군가 그랬다.

"할 일이 없으면 땅이라도 파라."

"할 일이 없으면 걷기라도 해라."

"땅을 파고 다시 묻더라도 삽을 들고 파라."

"갈 곳도, 오라는 데도, 목적지도 없지만 걸어라."

백번 맞는 말이다. 아무 일도 없다고 손 놓고 있지 마라. 작동하지 않는 기계는 녹이 슬고 구르지 않는 돌에는 이끼가 낀다.

"땀을 흘리지 않으면 아무것도 얻을 수 없다."

내가 운동하는 복싱 체육관에 걸려 있는 글귀다.

맞는 말이다. 여기서 땀은 운동이나 일을 해서 흘리는 땀일 수도 있지만, 노력이나 목적을 이루기 위한 행위로서의 땀도 포함한다. 지금 앞이 막막하고 어렵고 도대체 되는 일이 없다면 무엇이든 나 자신에게 유익이 되는 일을 하라. 하루를 시작하고 잠자리에 들기 전까지 자신이 할 수 있는 범위 내에서 최소한의 것이라도 하라.

할 수 있어서 하는 것이 아니라, 무엇이든 반복해서 하는 일을 만들어서 하라.

운동을 하면 몸이 좋아질 것이고 책을 읽으면 지식이 쌓이고 생각의 길이 넓어질 것이다.

책을 읽거나 글을 써라.

몸을 움직이고 걷고 뛰어라.

무언가를 반복하고 반복하라

신세를 한탄할 시간에 기도하라.

자신을 괜찮은 사람으로 여겨라.

누군가가 당신을 지켜보고 있다. 정말이다.

자신이 잘하는 것을 발견하고 시도하라.

부정의 말은 멀리하고 긍정의 말을 하라.

지금보다 더 좋아질 미래를 현실로 초대하라.

당신은 꽤 괜찮은 사람이다.

절망하거나 의기소침해하지 말고 자신에게 유익이 되는 무엇
인가를 반복하라.

커다란 나무도 도끼질의 반복으로 쓰러진다.

이제라도 했다면 그만이다

미루던 걸 하고 나면 아무것도 아니라는 걸 알게 되지.

발톱을 잘라냈다.

오래전부터 왼쪽 엄지발톱이 살을 파고들어 심하게 고생을 하
곤 했었다. 요 며칠 동안도 그랬지만, 언제나처럼 참았고 집에
있는 약통을 뒤져 소염제로 버티곤 했었다. 양말을 신을 때도,
신발을 신을 때도, 걸을 때도 살짝 스치기만 해도 아팠다. 그런
데 병원에 가지 않았다. 미루고 미뤘다. 왜 그랬을까 의문이 들
지만 그랬다. 주사로 마취를 하고 발톱을 자른다는 게 무서워서

였을 거다. 결국 오늘 대수술을 했다. 마취할 때만 따끔거렸을 뿐, 아주 간단하게 끝났다. 너무나도 싱겁게 말이다.

왜 이리 오랫동안 참고 미뤄왔던가….

그게 뭐라고.

고등학교 때부터 코와 눈 사이에 콩알만 한 사마귀가 있었다. 안경을 쓰면 가려져서 보이지 않아서 평소엔 신경이 쓰이지 않지만, 안경을 벗으면 거슬리는 사마귀. 어머니는 대학에 들어가면 수술해 준다고 했다. 그러나 안타깝게도 나는 대학에 들어가지 못했고 사마귀 수술은 잊혔다. 꼭 대학에 못 들어가서가 아니라 십안 형편이 어려우니 자식의 미용 시술까지는 엄두도 못 낸 거였을 것이다.

그 사마귀와 20년을 함께하던 어느 날이었다. 나는 이미 결혼도 했고 대학도 들어갔다. 간호사인 아내의 병원에서 사마귀를 제거했다. 아주 간단히.

시술비는 직원 가족 할인해서 이만 오천 원.

왜 그리 오랫동안 미뤄왔던가.

그게 뭐라고.

그래, 그때라도 했으니 다행이다. 그래, 이제라도 했으니 다행이다. 우리는 얼마나 많은 것을 미루며 사는가. 나이 들면 껄껄

껀 하며 숙는다는데 그 말이 이해가 산나. '그네 릴 긴, 그런걸…' 부모님이 돌아가셔도 후회한다. '좀 더 잘 모실걸…'

'다이어트해야지…', '영어 공부해야지…', '피아노 배워야지…' 생각만 하고 실천에 옮기지 못하는 게 점점 늘어나는 건 인생에 대한 아쉬움과 삶에 대한 애착이 커질 수록일 거다. 이제 행동할 때다. 문을 열고 나가라. 그리고 시도하라. 시작이 반이고 완성이다. 이제라도 했으면 그만이다. 미루던 걸 하고 나면 아무것도 아니라는 걸 알게 될 것이다. 발톱을 잘라내어 속이 시원하다. 이제 아프지 않겠지.

한식에 죽으나, 청명에 죽으나

부끄럽게 살지 말자.

"우리가 돈이 없지, 가오가 없냐?"

영화 〈베테랑〉에서 황정민의 이 한마디는 어떻게 살아가야 하는지를 말해주는 듯했다.

이 대사에 많은 사람이 공감한 이유는 무엇일까. 그렇게 살지 못했기 때문이고, 억울했기 때문이고, 그렇게 살아 보고 싶기 때문이다.

요즘 우리나라에서 일어나는 사태를 보고 생각한다. '저렇게 한다고 잘못한 게 없어지나?'

모른다고 하고, 아니라고 하고…. 요행히 법망을 피해서 빠져 나간다 한들 마음이 편하고 떳떳할까.

그들은 돈은 있는데 가오가 없었다. 사람이 짐승과 다른 이유는 부끄러움을 알기 때문일 것이다. 자신의 모습과 저지른 과오를 측근들이 알고 더구나 자식이 볼 것인데 진정 부끄럽지 않은가.

백 년도 못살면서 천 년을 살 것처럼 생각하는 것인가.

'한식에 죽으나, 청명에 죽으나.'

사람은 언젠가 죽는다. 오래 사는 것보다 어떻게 죽느냐, 어떻게 살았느냐가 중요하다.

한식에 죽으나, 청명에 죽으나 매일반이다. 자신의 의지로 태어난 것은 아니지만, 기왕에 살아가는 거 멋지게 살다 가야 하지 않겠는가. 지질하거나 쪽팔리게 살지 말자. 자식이 보고 있다.

자신뿐만 아니라 가족을 사랑하고 한 걸음 더 나아가 사람을 살리는 그러한 인생을 살다 가야 하지 않겠는가.

돈이 없다고 해서 부끄러운 것이 아니다.

배우지 못했다고 해서 부끄러운 것이 아니다.

키가 작고 못생겼다고 해서 부끄러운 것이 아니다.

비싼 차나 멋진 옷이 없다고 해서 부끄러운 것이 아니다.

이 모든 것을 부끄러워하는 것이 부끄러운 것이다.

사람의 가치는 물질에서 나오는 것이 아니라 그 사람의 인생 전반에 흐르는 신념에서 나온다. 사람과 인생을 바라보는 시선. 온 삶을 바라보는 그 태도가 그 사람의 가치다.

진정 부끄러워해야 할 것은 가오가 없는 것이다.

내 안에서는 아니라고 하는데, 주위의 눈치를 보며 그냥 휩쓸려 가는 것이 부끄러운 것이다. 그러면서 자신에게 이러한 것이 맞다고, 내가 어찌한다고 무엇이 달라지겠냐고 자신을 합리화하는 것이 부끄러운 것이다. 기준이 없는 인생은 흔들린다.

진정한 용기란 무엇인가.

모두가 "예."라고 할 때 "아니요."라고 말할 수 있는 것.

강한 자들 앞에서 모두가 말하기를 꺼릴 때 이후에 감당할 불이익을 무릅쓰고라도 하는 것.

양심에 거리끼는 행동을 하지 않는 것.

멋지다고 생각하는 그것을 지금 하는 것.

주위를 둘러보고 약한 자, 억울한 자, 희망을 잃고 낙담하는 이들에게 용기와 살아갈 기운을 불어넣어 주는 그러한 삶을 살다 가야 하지 않겠는가.

이것은 돈과 권력, 재능이 있어야지만 할 수 있는 건 아니다.

가까운 사람, 가족이나 친구에게 칭찬과 격려의 말을 하자. 그것이면 족하다.

강요하지 말고, 지적하지 말고 인정하자. 그리고 격려하자. 그것이면 족하다.

몸에 좋은 음식을 먹고 더 건강하고 오래 사는 것은 살아가는 동안 우리의 소명을 더욱 잘 감당하기 위한 수단이지, 목적은 아니다.

어떤 음식을 먹느냐보다 어떠한 마음을 먹느냐가 건강과 인생을 좌우한다.

당신의 건강으로 유익을 주고,

당신의 재능으로 유익을 주고,

당신의 물질로써 유익을 주고,

당신 삶의 모든 것으로 당신과 다른 이들에게 유익을 주며 살아나게 하는 그러한 인생이 되어야 하지 않겠는가.

사람의 품성과 신념은 그 사람의 인생이 뭐냐.

내가 한 생각 하나, 내가 말한 한마디, 내가 한 행동 하나가 나를 살리고 사람을 살린다.

멋지게 살다 가면 그뿐 아닌가.

사람을 살리는 것이 내 인생의 소명이다.

누리는 삶, 그 일체의 비결

풍요로운 인생을 위한 사소한 지혜.

내가 궁핍함으로 말하는 것이 아니니라 어떠한 형편 에든지 나는 자족하기를 배웠노니

나는 비천에 처할 줄도 알고 풍부에 처할 줄도 알아

모든 일 곧 배부름과 배고픔과 풍부와 궁핍에도 처할 줄 아는 일체의 비결을 배웠노라

– 빌립보서 4:11~13

빌립보서를 쓴 바울은 그 일체의 비결을 '자족'에서 배웠다고 했다. 국어사전에서 '자족'은 스스로 넉넉함을 느낀다는 말이고

말하지 않으면
귀신도 모른다

'만족'은 마음에 모자람이 없이 넉넉함을 말한다. 거의 같은 말이다. 교회용어사전을 보면 자족을 이렇게 설명한다. '스스로 넉넉함을 느낌. 스스로 만족하게 여김.' 신앙적 측면에서의 자족은 모든 일과 상황에서 하나님의 섭리를 인식하는 데서 비롯된다 (출 2:21; 시 23:1~6). 사도 바울은 어떤 형편에 처하든지 자족하는 법을 배웠다고 했다(빌 4:11). 자족은 그리스도께서 그 인격과 삶 속에 사시는 자의 한 특징으로서(고후 4:7~15), 경건 생활에 큰 유익이 된다(딤전 6:6~8).

자족에 관한 원불교 사전에서는 이렇게 쓰여 있다.

자기의 분수에 안분하고 만족하는 것.

출가 수행자의 생활 태도. 세상의 물욕을 끊고 의식주 생활에 청렴하고 담박하여 항상 스스로 만족하는 생활.

"부족해도 넉넉하다고 생각하면 항상 여유가 있고, 넉넉해도 부족하다고 생각하면 항상 부족하다(不足而足每有餘 足而不足常不足)."[1]라고 했다.

자족하고 만족하며 살기란 사실 쉬운 것이 아니다.

인간은 본디 만족함이 없고 욕심이 존재하기에 그러하다. 그러나 풍요롭게 살고, 순간순간 기적처럼 살아가고, 평화로운 삶

---

1) 송익필, 『구봉집』.

을 영위하고 싶다면 모든 것에 감사하며 살아야 하는 것이 또한 맞다. 빌립보서 4장 13절 다음에 오는 14절은 익히 우리가 아는 구절이다.

> 내게 능력 주시는 자 안에서 내가 모든 것을 할 수 있느니라
>
> — 빌립보서 4:13

크리스천들은 이 성경 구절을 좋아한다.

나를 도와주는 하나님이 있기에 그분이 나에게 능력만 주면 나는 무엇이든 할 수 있다는 만능의 힘이 되는 말씀이기 때문이다. 이 구절을 마가복음에 나오는 "할 수 있거든이 무슨 말이냐 믿는 자에게는 능치 못할 일이 없느니라."와 동일한 뜻으로 해석하는 이들도 있다.

이 말씀을 끝까지 읽어 보면 믿음으로 기도하라는 말이다.

그러나 빌립보서 말씀의 핵심은 '자족'이다. '감사함'이다.

한 걸음 더 나아가 '자족'이란 자신이 처한 현실에 안주하며 사는 것이 아니라 만족하며 누리는 삶이라는 것이다. 다시 말해서 이 말은 만족하며 안주하고 가만히 있으며 노력하지 않고 그냥 좋은 게 좋은 거지 하며 살아가라는 말이 절대 아니다.

'자족'은 '안주함'이 아니라 '감사함'이다.

자족하여 만족하고 누리며 감사하는 삶을 내가 살아낼 때 능력을 주시는 하나님의 섭리 안에서 모든 것을 해낼 수 있다는 말이다.

새해가 되면 "새해 복 많이 받으세요."라고 말한다.

나는 그 말보다 이런 말은 어떨까 생각한다.

"새해 복 많이 누리세요!"

자신이 처한 모습을 온전히 누리는 것이 복되고 복되다. 이것이 복을 받는 일체의 비결 중 하나이고 인생에서의 진정한 힘이다.

당신의 인생을 송두리째 바꾸어 놓을 말의 힘.

당신의 입에서 나온 그 말과 품은 생각으로 인하여 하나님 능력의 역사는 일어나기도 하고 멈추기도 한다.

아빠, 기도해 줘

자식을 통하여 주시는 깨달음.

"아빠, 기도해 줘!"

불을 끄고 막 잠들려고 할 때였다.

옆에서 잠이 오지 않는지 뒤척이던 현서가 내 쪽으로 베개를 당겨 누우며 말했다. 그날따라 유난히 피곤해서 잠들려던 나는 눈을 감고 비몽사몽간이었지만, 기도해달라는 아들의 말에 내심 걱정이 되어서 말했다.

"왜? 무슨 걱정되는 일 있어?"

"응…. 요즘 손톱을 물어뜯는 습관이 생겼어."

"그거 별로 안 좋은 건데…. 현서가 많이 걱정되었나 보구나…. 기도하자."

손톱을 물어뜯는다는 건 불안하거나 욕구가 충족되지 않았을 때 하는 행동인데 '우리 현서가 무엇이 불안한가?' 해서 걱정스러웠지만, 더는 물어보지 않고 몸을 옆으로 돌려 누운 채로 손을 꼭 잡고 기도해 주었다.

"하나님, 감사합니다. 밝고 예쁜 현서를 저희 부부에게 선물로 주시고 지금껏 12년이 지나는 동안 건강하고 밝게 지켜 주신 것 감사합니다. 지금까지 지내온 것은 주님의 크신 은혜 덕분입니다. 그런데 주님…. 현서가 손톱을 물어뜯게 되어서 걱정이 되나 봅니다. 무슨 이유인지 주님은 아시오니 현서의 마음을 위로해 주시고 늘 기쁨이 충만하게 하시며 손톱을 뜯는 습관이 사라지게 해 주세요.

주님, 도와주세요…. 예수님 이름으로 기도합니다…. 아멘."

기도가 끝나자 현서는 깊은 곳에서 우러나오는 "아멘."을 진심을 담아 나직하게 읊조렸다. 나는 졸음이 밀려온 나머지 기도가 끝난 그때까지도 눈을 감은 채로 현서를 안아 주었다. 그러나 기도를 마친 뒤 안심한 듯 현서는 잠이 들었지만, 나는 잠들 수 없었다.

힘든 시기를 지났다.

힘들었을 때 나는 그 흔한 기도조차 하지 못했고 누구에게 도와 달라거나 기도해 달라는 말은 엄두도 내지 못했다. 그런 모습은 내 인생과 나의 사존심에 흠집만 내고 하소연하는 것뿐이라고 생각했다. 혼자 이겨내 보고 참고 견디며 돌파구가 있을 것이라 노심초사하며 나를 갉아먹었다.

사람은 누구나 어려움과 힘든 일을 겪는다. 그 시련과 고통을 어떠한 방법으로 이겨 나가느냐에 따라서 삶의 건강함이 달라진다.

도움을 요청하는 것은 부끄러운 것이 아니라 건강한 것이다. 마음을 상대에게 드러내고 진술해질 때 에너지는 흐른다.

힘들면 힘들다고 말하고 도와달라고 말하라.

요즘은 새벽마다 알람보다 먼저 일어나 교회로 향한다. 나의 어려움을 주님께 아뢰니 불편하고 복잡한 마음이 사라지고 평안함이 찾아온다.

미음을 열고 상대를 대하면 관계는 회복되고 더 좋은 관계로 발전한다.

내가 혼자 오랫동안 들고 있으면 반 컵의 물도 무겁다. 고민되는 일이 있을 때 누군가에게라도 말하고 나면 속이 편안해진다.

"기도해 주세요…"라고 누군가에게 말하라.

이미 당신의 마음에는 평안과 밝음이 자리하게 될 것이다.

하나님의 섭리를 인식하지 않고 감사하지 못하는 불평과 불만은 몸과 마음을 상하게 하며 사람의 능력과 하나님의 능력까지 제한되게 만든다.

하나님의 섭리와 힘은 동일하게 미치나, 받아들일 공간이 제한되거나 사라지는 것이다. 반대로 하나님의 섭리를 인식하고 풍족하다 하고 긍정으로 만족하며 감사하는 말은 나의 몸과 마음뿐만 아니라 나의 미래에까지 선한 영향을 미친다.

인생을 더욱더 멋지게 바꾸고, 무엇이든 할 수 있는 용기와 힘을 가지려거든 자족하고 감사하라!

'감사하는 입이 복되다.'

지나간 모든 것은 되돌릴 수 없으니 후회하며 세월을 보내지 말고 과거는 감사하고, 현재는 하나님의 섭리를 인식하고 자족하고 감사하며 희망을 가지고, 매일의 현재를 열심히 살아내면 풍요와 행복의 미래는 당연한 것이다.

그러니 모든 일에 염려하지 말고 미래는 맡겨라!

행복은 '태도'다

'만사형통'하면 행복하다 하겠는가.

사람은 누구나 행복을 꿈꾼다.

안락하고 풍족하며 뜻하는 모든 것들이 이루어지고 고통과 절망이 없으며 사사로운 근심과 걱정이 없을 때를 행복이라 한다면 우리의 행복은 잠시뿐이고 아마도 그 상태가 계속된다면 지루하고 뻔해서 삶이 무미건조할 것이다.

고통과 실패를 스트레스라 생각하면 힘들고 절망 속에 있게 되지만, 새로운 돌파구를 구하며 희망을 가지고 기다리면 길이 아닌 곳에서 길이 열리기도 한다. 이것이 '사는 맛'이다.

노래 가사처럼 인생길에 걱정조차 없이 살면 무슨 재미가 있 겠는가.

옛날에 한 섬에서 있었던 이야기다.

그 섬에는 사슴을 키우는 농장이 있었는데 어느 날부터 사슴 이 한 마리씩 사라지기 시작했다. 원인은 늑대였다. 사람들은 늘대를 모조리 사냥했고 천적이 없어진 사슴들은 평온하게 지냈다. 그런데 천적이 없어진 그 이후로 사슴들은 털에 윤기가 사라지며 움직임이 둔해지고 사람으로 치자면 성인병과 같은 각종 질병으로 죽어 나갔다. 해결 방안은 무엇이었겠는가. 늑대였다. 늑대 한 마리를 섬에 풀어놓자 사슴들은 두려움에 떨면서도 살기 위해 뛰기 시작했고 이후로 더욱 건강하게 살았다는 이야기가 있다.

걱정과 고통이 없다고 사람은 행복해지는 것이 아니다. 그것을 견디고 이겨내며 성장하는 것이다. 감기에 걸리는 것이 잠시 쉬라는 몸의 신호이듯, 일이 안 풀린다면 원인을 점검하고 다시 시작하면 그만이다. 행복은 태도이다. 돈이 많고 적음이 아니라, 생각의 밝고 어두움이 행복과 불행을 나눈다. 세상과 인생을 바라보는 시선. 그 시선에 따라 인생은 즐거움일 수도 있고 모험일 수도 있으며 고통일 수도 있다.

우리는 만사형통을 바라지만, 인생의 모든 것이 만사형통한 사람은 없다. 누구나 죽고 누구나 불행을 맛보며 완전한 사람도 없다. 매 순간, 매 사건마다 어떠한 방식으로 사고하고 이겨냈느냐가 삶의 역사다. 신발에 약간의 모래만 들어가도 불행해하는 것이 사람이다. 한 번뿐인 인생에서 밝은 얼굴로 멋진 생각을 품고 받은 은혜에 감사하며 받은 복을 누려라. 기왕이면 나와 사람을 살리는 말을 하고 실패는 시작이라고 생각하라.

예전에 청호나이스 연수원에 강의를 하러 가서 창업주의 정신이 새겨진 돌판을 보았다. 사훈과 같은 그 돌에는 이렇게 쓰여 있었다.

"닥치는 대로 살아라."

말이 좀 거칠게 느껴지지만, 명쾌한 말이다.

사람은 살아가면서 희로애락을 경험한다. 그러나 우리는 그것을 골라서 경험하지 못한다. 닥쳤을 때 그것을 경험하며 견디며 이겨내고 또 내일을 바라보는 것이다. 이것이 사람의 인생이다. 걱정이나 생각만 하고 앉아있지 말고 무언가라도 하라. 걱정과 근심, 절망과 희망, 기쁨과 슬픔을 맛보며 견디며 이겨낼 때 우리는 깨닫고 발전한다.

의사가 당신에게 "암입니다."라고 말하면 어떠하겠는가. 누구는 그 말을 듣고 "얼마나 살 수 있죠?"라고 하며 절망하고 누군가는 의사에게 "그럼 이제부터 제가 어떻게 하면 좋을까요?"라고 물어보며 자신에게 온 병을 다스리며 살아갈 것이다. 이 두 사람은 언젠가 죽겠지만, 과연 누구의 태도가 현명한가.

아널드 토인비는 『역사의 연구』에서 인류의 역사를 '도전과 응전의 역사'라고 했다. 인류사를 보면 수많은 문명이 등장했는데 잉카, 마야, 메소포타미아 문명 등은 흔적도 없이 사라진 반면에 중국을 중심으로 한 극동, 인도, 이집트 문명 등은 지금도 건재하다. 그가 그것을 연구한 결과, 자연재해나 외세 침략 같은 도전을 받지 않은 문명은 사라져 버렸지만, 도전을 받았던 문명들은 지금까지 찬란하게 발전해 왔다는 것이다.

사람은 은퇴 이후에 빠르게 늙는다.

일을 해야 한다. 100세 시대에 아직도 편안한 노후를 꿈꾸는가. 당신이 아직 젊다면, 아니, 제법 나이를 먹었더라도 지금 힘들게 살아가는 그 모습이 당신을 살아가게 하는 힘이다.

목공예품은 사포질을 통해 나무의 결이 살아나고 더욱 매끄럽게 빛난다.

아무 일도 일어나지 않는 것은 어찌 보면 복이다. 반면에 풀어야 할 숙제들이 많다면 그 또한 큰 복이다. 만사형통은 없다. 제발 이 고통을 지나가게만 해 달라고 기도하기보다 막연하지만 길을 열어 달라고 기도하라. 맛있게 살아라.

6월이다. 담장 너머 피어 있는 장미에 감탄하라.

푸르른 하늘과 내리쬐는 해에 감동하라.

사랑하는 이들에게 감사하고 자녀를 안아주어라.

기쁨이 배가 되고 더욱 맛이 나는 인생이 될 것이다.

철학이 없다면 사라져라

철학이 없으면 영혼은 죽는다.

사람들은 두려워한다.

아니, 나는 두려워했었다.

어느 곳에도 속해 있지 않다는 것이 두려웠고 나를 알아주지 않는 것에 대해 괴로워했다. 그리고 그 괴로움은 미움과 질투로 변했고 그 이후로 나는 한 발자국도 내딛지 못했다.

나를 보호하기 위해, 아니, 상처받지 않기 위해 두려움은 불신이 되어 사람들을 멀리했고 멸시했으며 관계를 맺는 데 불편함을 느꼈다.

철학이 없을 때. 나만의 길에 대한 믿음을 넘어선 아집이 독불장군처럼 나를 가둬 버렸었다.

자신에 대한 존재감이 드러나지 않을 때 심한 자괴감으로 우울감을 맛보고 "나는 왜…. 나는 왜…" 하며 작아진 나를 보려 하지 않고 세상을 경멸했다. 누군가가 나를 알아줄 때 비로소 살맛이 났고 살아있음을 느꼈다. 그래야만 살 수 있다고 생각했었다.

그러던 어느 날 섬광처럼 나에게 내리꽂는 무엇으로 인해 철학이 생겼다.
살아가는 이유와 나의 존재에 대한 이유.
내가 하는 일에 대한 철학이 생기는 순간 모든 것은 변했다. 속해 있지 않아도 평안하고 알아주지 않아도 우울하지 않으며 예전의 어느 때처럼 부지불식간에 찾아올 날들을 동경하며 그냥 그렇게 편안하다. 실패처럼 보이나 새로운 도약이며 어두움에 있는 것 같으나 빛을 향해 전진하는 나에게 격려를 보낸다.

누구도 나를 규정하지 못한다.
명함에 새겨진 직함만이 내가 아니다.
버려진 듯해도 버려지지 않았으며
잊힌 듯해도 결코 잊히지 않았음을 나는 안다.
나의 신앙이 나를 단련시키고 더욱 가슴을 펴게 만들며 더 깊은 곳으로 들어가게 한다.

주님을 향한 경외심과 인생에 대한 꿈이 있는가.
삶을 관조하는 철학이 있는가.

이 물음이 우리에게 어떠한 의미인가.

철학이 없다면 껍데기다. 내 안의 주인이 누구인지 알고 그에 부르심에 합당한 자로 바로 섰을 때 비로소 꿈은 현실이 되고 나와 세상을 살린다.

결코 외롭지 않으며 앞이 보이지 않아도 믿음이 힘이 되고 더욱 순결한 성품의 내가 될 때 세상은 알게 된다. 내가 몸부림치지 않아도 주머니에 송곳이 튀어나오듯이 어쩔 수 없는 방법으로 드러난다. 더 깊은 곳으로 내려가라.

느끼고 깨닫고 실행하라.

인생의 전반을 살피는 철학을 가지고 넉넉히 걸어가라. 누군가는 당신을 지켜보고 있다.

모두가 끝이라고 말할 때 일어설 힘을 갖게 되고, 모두가 불행하다고 외칠 때 행복을 맛볼 것이다.

철학이 없는 사람을 경계하라.

자신만의 철학이 없는 사람은 결국 바닥을 드러낸다.

그들은 우리를 황폐하게 하며 절망으로 안내한다.

그들은 바람에 나는 겨와 같이 날아갈 것들을 잡았다 하고 지금의 것이 영원할 것처럼 말한다. 남의 것이 자기 것인 양하지만 결국엔 껍데기일 뿐이다. 지금 아무것도 없어도 철학이 있다면 두려워하지 말고 외롭다 말아라.

감사하고 기도하며 내일을 바라고 꿈꾸며 오늘을 살리라. 생각을 정리하고 글을 쓰고 내면을 정돈하라.

알아주지 않아도, 속해있지 못해도, 그것이 너의 존재 이유가 아니라면 더욱 기도하고 감사하라. 웃음을 잃지 말고 희망을 가지고 내일을 꿈꿔라.

번호표를 가지고 있으면 언젠가는 차례가 오듯이, 기다리고 즐기며 행복을 맛보아라.

당신은 이미 매력적이다

'매력'은 '능력'이다.

"제 키가 어때요? 좀 짧죠? 몸매는 어때요? 좀 굵죠? 그래서 오늘 강의는 짧고 굵게 진행하도록 하겠습니다."

내가 강의를 하려고 강단에 섰을 때 항상 맨 처음에 하는 말이다. 이 멘트가 끝나면 어김없이 박수와 환호성이 터져 나온다.

나는 키가 작고 통통하다. 아니, 뚱뚱하다. 유명 인사나 연예인이 아닌 이상 강연을 하기 위해 강단에 서 있는 사람을 처음부터 환호하고 반기는 예는 극히 드물다. 사람들은 처음에 무엇을 볼까? 아마도 얼굴, 몸매, 옷 입은 것, 말투, 내용 순일 것이다. 강사에게서 매력이 감지된다면 그 이후부터는 모든 것이 통하게 된다.

경계심이 풀리는 것이다. 굳이 워밍업이나 아이스 브레이킹을 하지 않아도 이미 청강자들과 나는 익숙해진다.

모든 것은 해석하기 나름이며 누가 봐도 단점이라고 생각하는 자신의 모습을 유머러스하게 넘긴다면 매력 있는 사람으로 비친다.

얼굴이 붉고 피부가 귤껍질처럼 거친 내가 아는 어떤 분은 자신을 소개할 때 간단하게 끝낸다. "안녕하십니까? 귤껍질입니다."

그러면 사람들은 손뼉 치며 웃지만, 그것은 비웃음이 아니다. 당신을 받아들인다는 표현인 것이다. 자신의 단점을 숨기고 남들이 알아볼까 봐 꺼리는 사람보다, 남에게 웃음을 주며 자신 있게 드러내는 사람이 더 멋져 보인다. 자신을 풍자하고 긍정적인 해석으로 웃음을 주는 행위는 당신을 멋지고 매력 있는 사람으로 보이게 하고 다른 사람의 행복과 희망을 불러일으키기에 충분하다.

팔다리가 거의 없는 닉 부이치치나 일본의 오토타케 히로타다를 보고 우리가 감동의 눈물과 진정 어린 박수를 보내고 희망을 갖게 되는 이유는 그들이 긍정적으로 자신의 모습을 세상에 드러냈기 때문이었다. 이 글을 읽는 당신이 다리가 짧고 굵어서 고민이라면 이제부터 고민 끝이다. 해석의 달인이 되면 된다. 나도 아주 짧고 굵은 다리의 소유자다. 그런데 나는 이렇게 말한다.

"다리가 짧고 굵어서 나는 모든 면에서 안정감이 있다. 다리가 가늘고 길면 살짝만 누가 건드려도 쓰러지겠지만, 아무리 나를 넘어뜨리려 해도 이 짧고 굵은 다리로 든든히 버틸 수 있다. 그래서 나는 어려운 일을 만나도 웬만해서는 쓰러지지 않는다!"

"키가 작아서 아무것도 머리에 닿지 않는다. 그래서 인생에 걸리는 것이 없다."

어떤가? 억지스러운가? 외모나 환경에 콤플렉스가 있다면 긍정으로 해석하라. 삶은 내가 해석한 대로 보인다. 어릴 적에 축구를 하다 실명하고도 미국 대통령 부시 시절 백악관 장애인 정책 보좌관이었던 강영우 박사! 그가 어느 날 지금의 아내에게 프러포즈할 때 했던 말이다.

"맹세할 수 있어. 난 절대 한눈팔지 않을 거야!"
일본의 어느 시각장애를 가진 교수가 학생들에게 말했다. "여

말하지 않으면
귀신도 모른다

러분. 당당하게 사십시오. 어느 누구도 제대로 할 수 없는 일을 저는 할 수 있습니다. 태양을 똑바로 쳐다볼 수 있는 것입니다." 긍정을 추구하는 매력 넘치는 한마디가 나와 또 다른 사람을 살린다.

유머 있는 사람은 평소의 삶이 긍정이다. 긍정은 어디까지나 부정을 이긴다. 내 마음속에 두 마리의 늑대가 있다면 누가 이길까? 내가 먹이를 주는 놈이 이긴다. 긍정에게 먹이를 주자.

내 삶이 지금 곤고하고 아플지라도 희망과 긍정을 바라보자.

바꿀 수 없다면 즐기고 바꿀 수 있다면 바꾸고 살면 된다. 밝게 보면 세상은 참 살만한 곳이다. 꿈 보다 해몽이라 했다. 탓하기보다 매력이 넘치는 해석의 달인이 되자.

모두가 행복해지기를 바란다. 이것이 나의 꿈이다.

아내를 사랑해야 하는 이유

당신의 아내는 행복합니까?

'사랑'이란 단어는 많은 것을 포함하고 있다. 내가 사랑한다고 말하는 것과 누군가에게서 사랑한다는 말을 듣는 것은 또한 다르다.

그러나 둘 다 그 말을 들으면 가슴이 뛰고 마음이 따스해진다는 공통점이 있다.

에너지의 흐름은 말하나, 들으나 긍정으로 흐르고 영적인 우리의 내면을 강물처럼 도도히 흐르기 때문이다.

"아내를 사랑하라."라는 이 말은 사랑을 받는 사람보다 사랑을 하는 사람이 더욱 정신적으로 풍요로워지기 때문에, 지극히 이 시대를 살아가는 '아빠', '남편'을 위한 말일지도 모른다.

인간은 영적인 생명체다. "코에 생기를 불어넣으시니 생령이 된 지라."라는 창세기의 말씀처럼,

태초에 하나님이 그렇게 자기와 같은 형상으로 지으셨기 때문에 우리는 '사랑'이라는 단어에 모든 걸 내던지는 것이다.

그것으로써 우리는 존재의 이유를 느끼고 이 세상을 살아갈 에너지원을 얻는 것이다.

이 땅 위에 우울증으로 고통받는 수많은 사람의 원인을 의학적인 용어나 심리학적으로 접근해 보지 않더라도 나는 무엇이 문제인지 확언할 수 있다.

그것은 영의 문제이고 사랑의 문제이다. 사람은 자신을 알아주기를 바란다.

아니, 더 정확하게 말하자면 누군가가 내 마음을 알아주기를 원한다.

사람들이 싸우고 부부가 다투고 서로가 분쟁하는 이유는 모두가 한 가지, 마음을 알아주지 않기 때문이다. 한평생을 살아가는 아내를 사랑해야 하는 이유는 이 부분만 가지고도 충분한 이유가 될 것 같다. 순전히 자신을 위해서이다. 아내의 웃는 얼굴을 봄으로써 남편은 행복감을 느끼고 싶은 것이다.

사람은 자신을 보고 웃는 것을 자신을 환영하고 받아들인다는 표현으로 인식한다.

이 세상에 있는 모든 "누구를 위해서…."나 "무엇을 위해서 무엇을 하라."는 명령 같은 말들은, 어쩌면 지극히 그 말과 행위를 하는 자신에게 하는 말일 것이다.

"환경을 보호하자."라는 말이 내가 하는 잠시의 수고로움이 내 자녀들뿐만 아니라 결국 나에게 유익으로 다가오는 것과 같은 이치이다.

그러므로 "아내를 사랑하라."라는 말은 결국 나의 행복도를 높이는 최선의 방법이다.

"아빠가 자녀를 사랑하는 최고의 방법은 아내를 사랑하는 것이다."라고 말한 이에게 찬사를 보낸다. 왜냐하면 명쾌하고 절대 맞는 말이기 때문이다.

유머러스하고 행복한 아이가 되게 하려면 아이가 행복감을 느껴야 한다.

그러기 위해선 부부기 행복해야 하는데 이것이 또한 아내를 사랑해야 하는 이유이다.

물론 남편도 사랑해야 함은 더 말할 것도 없다.

남편에게 사랑받지 못하는 아내는 자식에게 의존하고 기대하게 된다.

아내가 순종적이고 남편이 공격적이면 자식은 언젠가 아빠에게 반항하게 된다.

이때 엄마는 말리기도 하지만 은근히 자식 편을 들며 남편과 적이 된다. 그때부터 남편은 은근히 따돌림당하는 '은따'가 된다.

악순환의 연속인 것이다.

그러므로 "아내를 사랑하라."라는 말은 아빠로서, 남편으로서 나와 가정이 행복해지기 위한 지극히 이기적인 행복의 언어이다.

행복은 언제나 이기적이다.

가족이라는 이름

가족에 관한 영화의 결론은 늘 따뜻하고 감동적이다. 그 이유는 그래야만 하기 때문이다.

따뜻함과 사랑으로 하나 되는 모습이 보기 좋아서만 그러는 것이 아니라 꼭 그래야 하기 때문이다. 사람은 혼자지만, 서로가 만나 가족을 이루고 사는 순간부터 관계가 형성된다.

자신의 의지로 인한 '관계'가 형성된다는 것은 '책임감'과 '권리'를 동반하며 불편함을 감수하고 양보하며 사랑으로 하나 되어야 함을 의미한다.

아내, 남편, 아들, 딸, 아빠, 엄마… 이 모든 이름은 그 자체만으로도 사랑받아야 할 충분한 이유가 있는 이름이다.

사람은 무엇으로 사는가? 바로 사랑이다.

'사랑'과 '관심'이 사람을 움직인다.

누구에게서 마음에 들지 않는 모습이 있다면 내 안의 사랑이 잠시 자리를 비운 것이다.

내가 여유가 있으면 포용력이 생기고 줄 것이 있다.

반대로 나에게 여유가 없으면 상대의 모든 것이 부담이 되고 힘겹다. 내 안에 기쁨을 담자.

내 안에 기쁨을 담는 방법은 '긍정의 말'이다.

긍정의 말은 마음의 근육을 살찌게 하여 어려움이 닥쳐도 든든히 이겨나갈 힘이 생긴다.

긍정의 말은 나에게 여유와 행복감을 선사한다.

가족을 사랑한다면, 이제라도 멋진 가장이 되고 싶다면 당신의 입 밖으로 칭찬의 말을 쏟아내라. 아내에게 "사랑해."라고 말하면 미소가 나에게 오고 자녀에게 "아빠가 사랑하는 거 알지?"라고 말하면 자녀의 마음이 자란다.

'자존감'은 사람을 살리는 '힘'이다.

누군가가 자신을 사랑한다고 느낄 때 자존감은 꽃을 피우고 세상을 넉넉하게 살아갈 힘이 생긴다. 자존감을 가족에게 심어줄 때 사랑으로 물들어간다. 사람은 쉽게 변하지 않는다. 마음에 들지 않는 모습이 있다면 일단 인정하고 감사하라.

건강하게 살아있다는 것 자체만으로도 감사하지 않은가.

봄이다. 파릇하게 피어나는 어린잎이 나무에 매달려 바람에 나부끼는 모습이 얼마나 아름다운가. 마음이 건강한 한 사람으로 인해 가족이 파릇하게 살아난다면 이 얼마나 감동적인가.

내 눈에 사랑을 담아 아내를 바라보고

내 마음에 사랑을 담아 자녀의 이름을 불러보라.

그러면 비로소 가족은 서로에게 위로와 안식이 되고 모두가 살아날 것이다.

다그치거나 강요하지 말고 기다리며 기도해 주자.

이 세상에서 만나 우리 함께 있음이 얼마나 아름다운가.

Part 2

사람에 관한
괜찮은 생각

　살아볼 만한 가치가 있는 의미를 발견하고 더불어 누군가를 살릴 수
도 있디면 얼미니 행복힌 일인기. 여기 시림에 긴힌 이야기, 사림을 대
하는 자세에 관한 이야기가 있다. 만족스러운 삶을 살고 서로 좋은 관계
를 유지하며 살아가는 방법을 알 수 있다면 더없이 유익하지 않을까. 그
래서 '사람에 관한 괜찮은 생각'을 나누고자 한다. 멋지고 의미 있는 삶
을 살아가고자 하는 이들에게 이 글을 바친다.

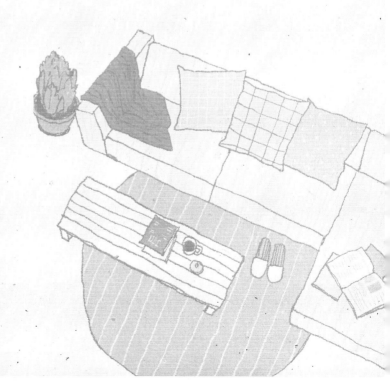

밝은 얼굴, 맑은 생각, 멋진 인생

생각이 바뀌면 인생이 바뀐다.

성악을 할 때는 자세가 중요하다.

성악가가 노래할 때 구부정하게 노래하는 사람을 본 적이 있는가. 아마도 없을 것이다.

허리를 곧게 펴고 발은 어깨너비만큼 벌려 한쪽 발을 반 보가량 앞으로 내밀면 좋다. 바른 자세가 호흡을 원활하게 하여 소리를 잘 나오게 할 뿐만 아니라 무엇보다 중요한 것은 '안정감'과 '자신감'이 생긴다는 것이다.

골프, 야구, 헬스, 악기 연주 그 무엇을 하더라도 자세는 기본이고 전부이다. 자세의 정확도에 따라 효과가 배가 되기도 한다. 골프의 스윙 자세가 좋으면 공이 멀리 나가고 소리도 경쾌하며 공을 쳤을 때 느낌도 가볍다. 바른 자세는 피로감을 덜어 주고 더 좋은 효과를 내며 기량을 발휘하도록 하고 보는 이들에게는 안정감과 신뢰를 주고 덤으로 '자신감'까지 선사한다.

또한, 하는 이와 보는 이들 모두에게 더 큰 에너지를 줄 수 있는 것은 다름 아닌 '밝은 표정'이다. 표정을 밝게 하면 생각도 밝고 맑아지고 몸에 좋은 에너지를 공급하게 된다.

노래를 지도하는 지휘자들이 늘 하는 말이 "웃으세요."라는 말이다. 꼭 청중들에게 좋은 모습을 보이게 하려는 것만은 아니다. 입꼬리를 올리고 밝은 표정으로 노래하면 소리와 고음이 더욱 풍부하고 원활해지며 자신감이 생기고 기분까지 좋아지기 때문이다.

'자세', '태도'와 '생각'은 연결되어 있다. '마음자세'라는 말도 이런 연유에서 나온 것이 아닌가 한다. 마음가짐에도 자세가 있다는 말이다.

생각이 바뀌면 습관이 바뀌고 습관이 바뀌면 품성이 바뀌며 품성이 바뀌면 인생이 바뀐다. '생각'은 우리의 인생 전반에 지대한 영향을 끼친다.

인생의 모든 결과물은 그것을 바라보는 '시선'이고 '태도'이며 '생각의 틀'을 절대 벗어나지 않는다. 그러한 이유로 내가 어떠한 생각을 품고 있느냐, 어떠한 마음을 가지고 있느냐, 어떠한 태도로 모든 것을 바라보고 대하느냐, 어떠한 자세로 그것에 임하느냐 하는 것은 우리의 인생을 결정짓는 중요한 단서가 된다.

'생각', '행동', '감정', '신체감각'의 모든 것은 연결되어있다. 돈을 얼마나 가졌고 스펙이 얼마나 화려하냐가 아니고 어떠한 태도로 세상을 바라보느냐, 어떠한 생각을 품고 있느냐, 무슨 말을 하느냐가 무엇보다 중요하다. 그 생각과 대도와 말이 당신의 인생이 된다.

나는 내 책에 사인해 줄 때 두 가지 말을 쓴다.

"밝은 얼굴, 맑은 생각, 멋진 인생!"
"내 입에서 나온 말이 나의 인생이 된다."

좋게 보는 능력

생각이 모든 것이다.

올해 12살인 아들 현서는 좋은 능력의 소유자다.
"아빠. 오늘 금요일이라서 너무 좋아."
"왜. 뭐가 그리 좋아?"
"내일이 토요일이라서 좋고, 오늘 미술이 두 시간이라서 좋아."
화요일은 학원이 일찍 끝나서 좋고 수요일은 급식이 맛있어서 좋고… 이래서 좋고, 저래서 좋고. 현서는 언제나 무슨 일에서도 좋은 점을 발견하고 말하는 대단한 능력의 소유자다.
공부를 잘하는 것보다, 가진 것이 많은 것보다 '좋게 보는 능력'이 세상을 넉넉하게 살아가는 진정한 힘이고 능력이다.

환경이나 상황은 그대로이나 내 생각이 바뀌면 모두 바뀌는 것이다. 자신이 보고 싶은 것만 보이고 듣고 싶어 하는 것만 들리듯이 생각하고 말한 것은 시각화되고 현실이 된다.

이런 능력은 자신을 살릴 뿐만 아니라 다른 사람도 살리고 삶을 풍요롭게 돕는다.

현서를 학교에 데려다주고 내릴 때 뽀뽀를 하고 나는 이렇게 말한다.

"오늘도 재미있게 놀다 와!"

그러면 현서는 그런 점에 관해서는 걱정하지 말라는 듯이 씩 웃고 "알겠어." 하며 학교로 뛰어 들어간다. 백미러로 아들의 뒷모습을 보면 나 또한 하루가 즐겁다. 현서에게 좋게 보는 능력을 주신 주님께 감사한다. 세상을 살아가면서 이보다 더 매력적인 능력이 있는가.

어느 날 할아버지와 현서가 골목을 산책하고 있을 때 집 근처 미용실을 철거하는 모습을 보며 할아버지가 먼저 말했다.

"여기 있던 미용실 결국 망했나 보네…."

"망했는지 어떻게 알아?"

"내가 볼 때마다 손님 있는 걸 한 번도 못 봤거든."

"할아버지가 봤을 때만 손님이 없던 것일 수도 있지."

"내가 첨에 딱 보니까 안 되겠더라고…."

그러자 손자의 한마디.

"왜 꼭 그렇게 생각해? 잘돼서 더 크게 하려고 이사간 걸 수도 있잖아?"

누구의 말이 사실일지는 알 수 없으나 분명히 할아버지와 손자의 에너지는 다르다. 똑같은 상황을 보고도 하는 말이 다르다.

말이 다르다는 것은 생각이 다르다는 것이며 그 생각은 한 사람의 인생을 지배한다.

우리는 때때로 나쁜 일이 일어나지 않게 해달라고 기도하거나 바란다. 행복하고 안정된 삶을 영위하고픈 일반적인 인간의 바람에 틀린 건 없다. 그렇다면 이런 바람과 기도는 어떤가.

"저에게 좋은 일이 일어나게 해 주세요."

의미는 같은 말이지만 다르다. 실로 엄청난 차이가 있다. 아들 현서가 학교에 가는 건 사실이고 어쩔 수 없는 일이다. 6교시를 할 것이고 끝나고 학원에서 2시간 있다가 집에 온다. 학교에 가거나 학원에 가는 것이 즐거운 아이는 드물 것이다.

그럼에도 불구하고 그 안에서 좋은 점을 찾아내서 그곳에 집중하면 얘기는 달라진다.

빅터 프랭클의『삶의 의미를 찾아서』를 보면 짐승보다 못한 생활을 하는 죽음의 수용소에서 살아야 할 이유를 찾아가는 모습이 나온다.

절망과 좌절은 어두운 면을 볼 때 자라나고 희망과 꿈은 밝은 면, 좋은 면을 보고 발견할 때 증가한다.

말과 생각은 우리 인생을 지배한다.

살리는 말을 하고 좋게 보는 능력을 키우자.

행복해지고 싶거든 감사한 일을 찾아서 적어 보고 말하라. 오늘 당신에게 일어난 일 중에서 좋은 점은 무엇이며 앞으로 다가올 일 중에 좋은 점은 무엇인가.

그것이 무엇이건 간에 당신이 좋은 점을 발견해내는 순간부터 인생은 풍요롭고 재미있어질 것이다.

<응답하라 1988> 정환이의 망설임에 관한 독백

정환이는 덕선이를 사랑한다. 그러나 고백하지 못하고 5년의 시간이 지난 어느 날.

이승환 콘서트장에 혼자 있을 덕선이를 생각하던 정환이는 친구와 영화를 보다말고 차를 몰고 달려간다. 결심하고 달려가는 길에 빨간불은 정환이의 길을 막고 콘서트장에 도착한 정환이는 먼저 도착한 택이와 덕선이가 마주하고 있는 모습을 보고 쓸쓸히 뒤돌아선다.

사랑의 슬픔을 이야기하듯 비는 내리고 차 안에서 택이가 바둑 시합의 기권 패까지 감수하면서 덕선이에게 달려갔다는 사실을 알고 안타까워하는 정환이의 모습과 함께 독백이 흐른다.

"그러나 운명의 타이밍은 그저 찾아드는 우연이 아니다.

간절함을 향한 숱한 선택들이 만들어내는 기적 같은 순간이다.

주저 없는 포기와 망설임 없는 결정들이 타이밍을 만든다.

그 녀석이 더 간절했고 난 더 용기를 냈어야 했다.

나빴던 건 빨간불이 아니라, 타이밍이 아니라 내 수많은 망설임이었다."

우리는 살아가면서 끊임없이 선택 앞에서 두려워하며 망설인다.

가만히 있기로, 하지 않기로 미루는 것 또한 우리의 선택인 것이다.

과거에 끊임없이 선택을 내린 결과가 지금의 나다. 만족스러운가?

사람은 후회하고 그때는 어쩔 수 없었다고 말한다. 하지만 그것은 나를 합리화하기 위한 변명인 경우가 허다하다.

짬뽕을 먹을까, 짜장면을 먹을까 고민하다 볶음밥을 시킨다.

그리고 다짐한다. 다음엔 꼭 짬뽕을 먹겠다고 그리고 또 고민한다. 숱한 망설임은 우리로 하여금 만족스럽지 못한 삶으로 안내하고 후회는 부조화로 다가온다. 짬뽕을 시키면 짬뽕이 나오듯이 내가 말했던 대로 나의 인생이 된다.

끼가 많았던 나는 고등학교 3학년 때 당연히 연극영화과에 갈 줄 알았다. 그러나 학교 선생님들이 한사코 말리고 덩달아 집도 어렵게 되어 다니던 드라마 스튜디오 극단도 나와야 했다. 대학에 가지 못했고 제과점도 하고 여러 직업을 거친 후 16년을 돌고돌아 36살이 되어서야 내 재능을 발휘할 강사의 길에 접어들었다. 그리고 지금은 강사 15년 차 51세다. 돌아보면 내 삶은 두려움과 망설임의 연속이었다. 그때마다 변명했다. 가장 노릇을 해야 했고 집안이 어려웠다고.

후회 없는 삶이란 없다.

하지만 멋지게 살아 볼 기회는 누구에게나 열려있다. 지금은
힘들어도 자신이 정말 잘하고, 하고 싶고, 좋아하는 일을 하며
산다는 건 꿈일지도 모른다. 우리가 TV나 영화에서 보는 멋진
사람들은 하루아침에 나타난 것이 아니다.
　두려웠지만 선택했고 도전했으며 끝이 보이지 않는 기나긴 터
널을 지나고 숱한 망설임을 넘어섰기에 지금의 그가 된 것이다.

　나는 망설임으로 아파하며 절절히 후회하고 다시 용기를 낸
정환이가 덕선이와 결혼했으면 좋겠다.
　그래서 희망이 되었으면 좋겠다.

버리는 것에 대하여

이제 '잡동사니'란 이름의 파일을 지우려 한다.

흐트러진 마음을 다잡는다는 생각으로 서랍을 정리한다.
　책상 서랍을 다 정리하고 방을 깨끗이 치우면 마음 한켠이 시

말하지 않으면
귀신도 모른다

원해지고 생각도 정리되기 때문이다. 서랍을 거꾸로 들어서 툭툭 털어내면 무슨 이런 것까지 다 들어 있었나 싶을 정도로 오만가지 잡동사니가 들어 있다.

물건 하나하나를 보며 추억에도 잠겨 보고 이것저것 만지작거리며 보게 된다.

'이건 버릴까?' 버릴 것과 다시 넣어둘 것을 하나둘 분리하고 서랍 안에 있는 먼지를 털어 버리고 난 뒤에 다시 차곡차곡 정리해서 물건들을 서랍에 넣어 놓는다.

그런데 참 놀랍고도 우스운 건 정리하다 보면 꺼내놓았던 걸 또다시 넣어 두어 다시 가득 찬 서랍이 된다는 것이다.

요즘 고민거리가 늘었다. 글감을 얻고 글을 쓰고 전에 썼던 책과 글감들을 모아 정리하려고 블로그, 한글 파일, 카페, 페이스북 등 여기저기 써 놓았던 글들을 뒤적거리다 보면 정리는커녕 머리만 복잡해지고 컴퓨터를 끄게 된다.

도대체 어디서부터 손봐야 할지 복잡해서이기도 하지만, 내가 써놓고도 생전 처음 본 글을 대하듯이 물끄러미 쳐다보다 상념에 빠지곤 한다. 혹여 삭제해 버리면 영영 추억까지 사라질까봐 복잡하더라도 꽁꽁 곁에 묶어 두는 이유는 무엇일까.

혹시나 하는 마음에 버리지 못해서 잡동시니란 이름의 파일은 용량이 늘어난다.

'잡동사니'란 이름의 파일은 나의 망설임과 미련의 표징이다.

버릴 것이 없다…. 아니, 버리지 못했고 그것은 미련이었다.

그 미련으로 다시 넣어둔 물건이나 컴퓨터 안에 만들어둔 잡동사니는 앞으로도 생각처럼 잘 쓰이지 않을 텐데 말이다.

마음은 나도 모르는 사이에 온갖 것들로 꽉 차 있다.

내가 원하든, 원하지 않든 무언가가 나를 기쁘게 하기도 하고 우울하게도, 붙잡기도 한다.

가끔은 서랍에 있는 것을 털어내 버리고 싶지만, 또다시 쓸데없는 것으로 채우고야 마는 게 우리의 마음인가보다.

글을 쓰는 좋은 방법 중 하나는 일단 글을 쓰고 수정하면서 살을 붙이는 작업을 반복하고 줄이고 줄이면 맛깔난 글이 나온다.

선생님들이 성악이나 악기를 가르칠 때 가장 가르치기 쉬운 사람은 전에 성악이나 악기를 한 번도 배워 보지 않은 사람이다.

그래야 새로운 것이 들어갈 때 부담이 없고 그대로 순수하게 받아들이며 속도감이 붙기 때문이다.

미련은 추억이라는 이름으로 지금을 자위하지만, 이제는 그

휴지통을 비워야 할 때다.

"새 술은 새 부대에."란 말이 있다.

새로운 것을 채우려면 '비움'이 있어야 한다.

진정한 고수는 상대에게 모든 것을 내어주지만, 또다시 채우기 위해서 반복하고 정진한다.

잠깐 동안 많이 아팠다.

나를 비우고 되돌아보며 정리하는 시간이었다.

매번 서랍을 정리하다 버리지 못하고 다시 넣어 두었던 물건을 이제는 버리려 한다.

그래서 쓸 수 있고 쓰고 있는, 조금은 어색하지만 유용한 무엇으로 채우려 한다.

이제 과거의 미련을 미래의 바람으로 채우려 한다.

바람이 또 다른 미련이 되더라도 서랍을 툭툭 털어 버리는 작업은 그치지 말아야 하겠다.

꿈이 있으면 이루어진다

핸드폰 사진첩을 이리저리 뒤적거리다. 나와 어머니에게 주어진 올해 초의 감격스러운 사진을 보았다.

어머니는 67세에 한국산문에서 수필로 등단하셨고 나는 44살에 세종대 음악과를 졸업했다. 대학원이 아닌 학부를….

어머니는 초대 국회의원까지 지내신 외할아버지를 일찍 떠나보내셨고 할머니는 다른 곳으로 출가하셔서 고아처럼 지내시다 양장 기술을 배워 양장점도 하시고 늦게는 빚에 쪼들려 지내시다 이제는 청산하셨고, 65세부터 컴퓨터를 배우셨고 작년부터 글을 쓰셨다.

나는 대학에 못 가고 여러 직업을 전전하고 11년간 제과점을 운영하다가 강사의 길로 접어드는 기적이 일어나 두 권의 책도 내고 길이 열렸다. 어머니도, 나도 말로 할 수 없는 힘든 시간을 보내고 돌고 돌아서 여기까지 와서 맛보는 감격!

한때는 우리에게 희망이 없는 듯 보였다.

그러나 나와 어머니는 믿었다. 아무것도 보이지 않았지만 주실 것을 믿었다.

나는 언제부턴가 입버릇처럼 되뇌는 말이 있다.

"나는 안되는 게 기적이다!"

나는 설령 안되려고 애써도 잘된다는 말이다. 믿고 바라면 언젠가는 된다.

안된다고… 어렵다고… 하나님이 나를 보지 않는 것 같다고 생각하지 마라.

"하늘은 스스로 돕는 자를 돕는다."

믿음을 가지고 구하고 나아가라!

꿈을 이루려면 먼저 꿈을 꾸어라!

당신이 포기하지 않는 한 아무도, 그 어떤 것도 당신을 포기하지 않을 것이다.

힘을 내고 용기를 얻어서 오늘도 멋지게 승리하기를 바란다!

언젠가는 이루어진다.

결국 믿음과 기다림이 결실을 만든다.

두려워 말고 한 발을 내디뎌라

스피치 사무실에 문의해 오는 사람들의 면면을 보면 크게 두 가지로 분류할 수 있다.

'긍징과 부징'

사람들의 말, 생각과 태도를 보면서 이러지 말아야지 하면서
도 나름 구분하게 된다. 긍정적인 사람들의 특징은 '믿음과 밝
음'이다. 그들에게 적용되는 단어는 인정, 노력, 흡수, 감사, 그리
고 결국에는 분명히 잘될 거라는 믿음의 말이다.

자녀를 맡기는 부모도 결단이 내려지면 긍정적이신 분들은 잘
지도해 달라는 말이 끝이다. 매사에 신속하다. 그리고 아주 작은
차이라도 아이가 변화되고 호전되는 모습을 크게 보며 감사해한
다. 무엇보다도 아이나, 어른이나 얼굴이 밝고 의지가 넘친다.

반면에 부정적인 사람의 가장 큰 특징은 '걱정과 불신'이다.

상담할 때 걱정을 늘어놓는 건 당연하다.

그 문제 때문에 배우러 왔을 테니까….

그런데 아무리 오랜 시간 상담하며 잘될 거라고 말씀을 드려
도 돌아오는 말은 "원장님 말씀대로 되면야 좋지만, 과연 그렇게
될까요?"이다.

어쩌란 말인가. 그럴 때면 나는 할 말을 잃고 힘이 빠진다.

부정적이고 의심이 많은 대부분의 사람은 설령 배우게 되더라
도 매 시간마다 몇 번씩 이렇게 말한다.

"제가 이래서 안 된다니까요?"

"제가 잘할 수 있을까요?"

"이게 문제라니까요…."

자존감이 낮고, 자신의 단점을 확대하여 크게 본다.

또한, 부정적이거나 우유부단한 사람이나 걱정만 안고 사는 사람은 결단하기에 앞서 늘 핑계가 뒤따른다. 어제 전화로 문의해 온 어떤 분은 "아이고, 원장님. 제가 말투가 어눌해서 빨리 고치고 싶어요…. 잘될까요?"

"사람에 따라서 차이는 있지만, 선생님과 제가 마음이 맞으면 잘될 겁니다. 오세요."

"아…. 그런데 내일부터 장마라고 해서, 장마 끝나면 갈게요! 배우러 가는데 치덕치덕 비 맞고 가면 안 되잖아요…. 저는 비 오는 게 싫어서…."

할 말을 잃었다. 그 핑계 때문에 그는 한 발짝도 못 나가고 걱정만 하는 것이다.

그들은 그 핑곗거리를 종교처럼 신뢰하며 자신의 길을 유보한다.

중요한 건 한 발을 내딛는 것이다.

완벽한 건 없다.

부족하면 채워 가면 되는 것이고, 안 되면 되도록 노력하면 되는 것이다.

제발 의심과 걱정의 말을 버려라!

당신이 원하는 것에만 집중하라!

마음을 늘 밝게 하고, 마음먹었다면 일단 한 발을 내디뎌라!

당신이 안 하니까 안 되는 것이지, 무엇 때문에 안 되는 것은 없다. 그래야 나아갈 수 있고, 당신이 원하는 곳에 도착할 수 있다.

긍정, 믿음, 밝음은 하나님이 우리에게 허락한 최고의 '배려'다. 과거는 감사하고, 현재는 희망을 가지고, 미래는 맡겨라!

더 이상 두려워하지 말고, 걱정은 저 바다에 던져 버리고 한 걸음을 내디뎌라!

누군가가 나에게 지금까지 살면서 후회스러운 것이 무엇이냐고 물어온다면, 나는 "그때 그것을 하지 않았던 것"이라고 말할 것이다.

나는 모든 건 때가 있다는 말에 동의하지는 않지만, 현재 자신의 마음 어딘가에서 꾸물거리며 일어나는 그것을 '걱정과 두려움'이라는 허상 때문에 포기하지 말라고 말하고 싶다.

그것이 간절하게 당신이 하고 싶은 일이건, 사랑의 고백이건 간에 말이다.

지금 이 순간은 오지 않지만, 결단의 시간은 늘 내 앞에 있다.

그 결단은 나의 눈치를 보며 안타까워하고 있을지도 모른다.

시간은 흐른다.

때를 기다리다가, 두려워하다가 죽을 것인가?

누군가를 사랑하는가? 고백하라!
무엇이 되고 싶은가? 시작하라!
오늘이 쌓여 미래가 된다.
놀랍지 않은가?

말과 행동이 뒷받침되지 않은 결단은 그 또한 허망하다. 그러기에 시작은 한걸음을 내딛는 것이다.
'일어나 빛을 발하라!'

당신의 결단과 생각과 행동으로 인하여 자신을 일으키고 한걸음 더 나아가 사람과 세상을 살려라! 당신은 이미 충분하다!

키가 작다고, 못생겼다고, 학력이 부족하다고….
부모가 능력이 없다고, 요즘 경기가 안 좋다고, 세계 경제가 어렵다고, 비빌 언덕도 없고 배경도 없다고, 직업도 변변치 않고 가난하다고….

걱정한다고 내 키를 한 자나 더하겠느냐!
걱정하고, 불평하는 건 핑계다.

용기 없음과 두려움을 덮으려는 핑계다.

두려워하지 말고 한 발을 내디뎌라!

믿음을 가지고 가다 보면 어디에든 길이 있고 무엇이든 이루기 마련이다.

당신이 할 일은 그 길을 묵묵히 가는 것이다!

핑계는 없다!

늦었다고 진짜 늦은 것이 아니고 빠르다고 진짜 빠른 것이 아니다.

두려워 말고 일단 한 발을 내디뎌라!

어떻게 살 것인가

오봉은 선교사로서 아리산 부족에게 존경받은 사람이었다. 인신 제사를 지내는 아리산 부족에게 더이상 살생은 안 된다며 간곡하게 말했지만, 조상 때부터 내려오던 인신 공양을 목숨처럼 지켜오던 그들을 막을 수 없어 결심을 하기에 이른다.

몇 날 몇 시에 한 사람이 붉은 모자를 쓰고 붉은 옷을 입고 지나갈 것이니 그 사람을 잡아서 인신 공양을 드리라고 했다. 부족들은 그날 붉은 옷을 입은 사람을 잡아서 목을 베었는데 그가 바로 그토록 숭상하던 오봉이라는 걸 알고 대성통곡하며 인신 공양의 악습을 버렸다. 고등학교 때 교과서에 나왔던 '어떻게 살 것인가?'의 이 논설문은 한 사람의 희생이 많은 사람을 살리는 길을 연다는 이야기다.

중년을 넘어가는 이즈음에 '희생'이라는 거창한 말까지는 아니더라도 삶의 흔적 하나 남기고 선한 영향력을 끼치며 살아가야 하지 않나 생각할 때 '어떻게 살 것인가?'란 물음은 많이 아프고 결단이 필요한 외마디로 다가온다.

'성공'이라는 굴레 속에 나 아닌 나를 내어놓아야 하는 것인지. 과연 무엇이 성공인지.

세계적인 부자이고 성공했다고 모두가 부러워하는 워런 버핏은 2005년 네브래스카대학교 경영학부 학생들과의 간담회에서 진정한 성공이 무엇이냐는 한 학생의 질문에 잠시의 머뭇거림도 없이 이렇게 답했다.

> "진정한 성공이란 가장 가까운 사람에게 사랑받는 것이다."

나는 자식과 아내 그리고 부모에게 사랑받는가?
가까운 사람들이 나를 사랑하는가?

이 물음에 주저 없이 "네."라고 답한다면 이미 '성공'한 것이다. 희생보다 진한 사랑을 하며 받고 있다면 그만인 것이며 여기에서 살아갈 힘이 나오고 희망이 자라고, 가족 중에서 한 사람이라도 웃으면 이내 웃음은 퍼지듯이 사람이 보약이다.

가까운 한 사람에게 웃음을 주고 그 마음을 알아주어 행복감에 젖어 들게 한다면, 그리하여 당신 또한 행복하다면 이미 성공을 넘어선 것이다.

'어떻게 살 것인가?'

여기 작은 제안이 있다.

〈진정한 성공이란〉

자주 그리고 많이 웃는 것.
현명한 이에게서 존경을 받고
아이들에게서 사랑을 받는 것.

정직한 비평가의 찬사를 듣고
친구의 배반을 참아내는 것.

아름다움을 식별할 줄 알며
다른 사람에게서 최선의 것을 발견하는 것.

건강한 아이를 낳든
한 뙈기의 정원을 가꾸든
사회 환경을 개선하든
자기가 태어나기 전보다
세상을 조금이라도 살기 좋은 곳으로
만들어 놓고 떠나는 것.

자신이 한때 이곳에 살았음으로 인해서
단 한 사람의 인생이라도 행복해지는 것.

이것이 진정한 성공이다.

– 랠프 월도 에머슨 作

"내가 이곳에 살았음으로 인해서 단 한 사람의 인생이라도 행복해지는 것, 이것이 성공이다."라는 말이 언젠가 내 삶의 방향이 되었다.

아내의 마음을 알아주고 아들의 마음을 느끼며 부모의 마음을 헤아려 '가장 가까운 사람에게 존경받고 사랑받는 것.'

나는 이것을 위하여 아파하고 깨어진 이들을 도와주며 성장하기로 마음먹었다.

이것이 내가 사는 이유가 되어서 행복하다.

누구에게나 목표는 무덤이 아닌 성공일 것이다.

내가 이 세상에 있는 이유…. 그건 실로 고귀하여 눈물이 날 것 같다.

후회하지 않는 삶. 부끄럽지 않은 나를 돌아보고 이웃을 돌아보아 우는 사람이 있으면 눈물을 닦아 주고, 배고픈 사람이 있으면 양식을 주고, 마음 아픈 사람이 있으면 손 내밀고 살 것이다.

미치도록 지금이 좋다.

내가 좋고, 아내가 좋고, 가족이 좋고 사랑하는 사람들과 함께하는 일이 좋다.

무엇이 많아서가 아니라 그냥 살아가며 사랑하는 모든 것이 감사하다.

당신이 한때 이곳에 살았음으로 인해서 한 사람이라도 행복하게 하고 선한 영향력을 끼치는 그런 모습이 되기를 소망한다.

탁 할아버지

나는 고등학교를 졸업하고 대학에 가지 못하고 이곳저곳에서 일했다.

그중에서 그나마 오래 다녔던 직장이 '경이인쇄'라는 직장이었는데 파티가 많은 미국 쪽으로 쇼핑백과 카드를 만들어 수출하는 회사였다.

내가 하는 일은 인쇄하여 접힌 쇼핑백에 구멍을 뚫고 방화동이나 고덕 시립양로원 같은 곳에 끈을 끼우는 부업을 나눠주고 걷어오는 일이었다.

그날도 여느 때와 다름없이 시립양로원에 끈 끼우는 부업을 나눠주러 트럭에 쇼핑백과 끈을 가득 싣고 갔다.

정문에 들어서자 할아버지, 할머니들이 삼삼오오 모여서 물끄러미 쳐다보고 있는데 그중에서도 허리가 꾸부정하고 머리카락이 하나도 없어서 유난히 눈에 띄는 할아버지가 있었다. 그분의 성씨는 탁 씨였다. 그래서 이름은 잘 모르고 그냥 '탁 할아버지'라고 불렀다.

탁 할아버지는 시립양로원에서 다른 어르신들에 비해서 목소리도 우렁차고, 힘도 세고 끈도 가장 잘 끼우신다.

그런데 가장 먼저 트럭을 맞이한 할아버지의 이마와 머리에 조그맣고 구멍이 뚫린 신신파스가 떡하니 석 장 붙어 있었다.

나는 의아하고 우습기도 해서 여쭈어보았다.

"아니, 탁 할아버지? 이마에 웬 파스예요?"

나의 질문에 돌아온 할아버지의 대답.

"응, 이거? 내가 머리가 아파서 그랴, 머리가."

"아니, 파스를 머리에 붙인다고 나아요? 두통약을 드셔야지?"

"응, 나는 속이 안 좋아서 두통약은 안 듣고 파스 붙이면 기냥 나!"

할아버지가 이상해지신 게 아니다. 정말이다.

할아버지는 신신파스를 아픈 곳에 붙이면 낫는다고 확신하시고 계셨다.

그런 할아버지에게 파스는 낫는다는 믿음을 가지고 붙이면 바로 완치되는 만병통치약이었다. 너무나 신기한 것은 그렇게 파스를 붙이면 다른 사람은 몰라도 탁 할아버지에게는 효험이 있다는 것이었다. 할아버지는 끈을 끼워 버는 돈으로 거의 대부분 파스를 구입하셨다.

그리고 그분의 노란 아로나민 골드 통 안에는 신신파스가 항상 꽉 채워져 있다.

며칠 후 찾아간 양로원에서 더욱 생기 있어진 탁 할아버지를 뵐 수 있었다.

신념은 무섭다.

신념은 강하다.

신념은 나와 너를 건너고, 그네들을 넘어, 세상을 움직인다.

생각을 어떻게 지워

요즘 아들 현서가 잠자기 전에 훌쩍거리며 안기는 일이 잦다.

어제는 잠자고 있는 엄마 곁으로 가더니 "엄마, 생각은 지워지지 않아?"라고 훌쩍거리며 물었다. 아내가 "기억에 남아 있으면 잘 지워지지 않지만, 시간이 지나면 다른 생각 때문에 지워지기도 해. 왜 그래, 현서야?"라고 말했더니, 6살 때 어린이집에서 물놀이 할 때, 물에 빠졌던 생각이 자꾸 나서 무섭다고 하면서, 생각이 안 났으면 좋겠다며 울었다.

아내는 "현서야? 그럼 엄마랑 무서운 생각 나지 않게 해 달라고 기도할까?"라고 하고는 기도했더니 너무나 간절하게 마지막에 "아~멘!"이라고 하는 것이었다.

얼마나 예쁘던지.

나는 "현서야, 이리 와. 아빠가 안아줄게." 하며 꼭 껴안아 주며 말했다.

"현서야, 생각은 잘 지워지지 않지만 기쁜 생각, 재미있었던 생각을 자주 하면 나쁘고 무서운 생각이 나질 않아." 하면서 오늘 재미있었던 일, 예전에 즐거웠던 일들을 서로 하나씩 이야기하기로 했다.

"음…. 아빠는 현서만 생각하면 좋아."

"나는 수족관에 놀러 갔던 거. 또 롯데월드에서 공룡 인형 산 거."

끝말잇기도 하고, 서로 깜깜한 방에 누워서 즐거웠던 일을 말하자 현서는 조금씩 밝게 웃어 보이기 시작했다.

그리고는 현서가 나에게 제안을 하나 했다.

"아빠, 우리 매일 밤 자기 전에 서로 재미있었던 일 하나씩 얘기하는 건 어때?"

"좋아! 우리 현서 대단한걸? 역시 우리 아들이야."

그리고 다음 날 아침에 어린이집에 가기 전에 현서가 말했다.

"아빠, 무서운 생각은 어제 기도하기 전부터 없어진 것 같아! 우리 즐거웠던 얘기를 아침에도, 낮에도, 밤에도 하는 게 어때?"

내 직업이 정말 좋다. 그래서 나의 생활도 행복하다.

말하지 않으면
귀신도 모른다

아이의 입에서 기도가 나오고 기쁨의 말이 나오면 이보다 좋은 것이 있겠는가….

아~ 행복해~!

다 통하네

늦은 나이에 올해 세종대학교 성악과에 편입했다.

골프는 지금은 조금 놓고 있지만, 일반적인 인식과는 달리 좋은 운동이라고 생각한다.

골프를 처음 배웠을 때 성악에서 자세와 치는 것과 부르는 것에 대해 선생님이 말씀해 주시는 게 똑같아서 혼자 무릎을 쳤다.

바로 이거구나!

골프는 우선 안정된 자세, 부드러운 허리 돌림 등이 중요하고, 특히 중요한 건 공을 치려고 힘을 너무 주지 않기 위해 어깨 힘을 빼야 한다는 것이다.

그리고 밀듯이 치라는 것….

성악은 우선 안정된 자세, 부드러운 턱관절의 움직임이 중요하고, 특히 중요한 건 음의 소리를 내려고 목에 힘을 주지 않고 어깨 힘을 빼야 한다는 것, 그리고 소리를 뱉어내듯 내야 한다는 것이다.

놀라웠다.

여유로움과 부드러움이야말로 최상·최적의 상태로 갈 수 있는 지름길이란 걸 알았다.

"행동이 바뀌면 습관이 바뀌고, 습관이 바뀌면 성격이 바뀌고, 성격이 바뀌면 인생이 바뀐다."라는 나폴레옹의 말이 틀리지 않았구나….

간단한 몸의 동작만으로 우리의 기분은 지배를 받는다.

행동이 자동차의 앞바퀴라면, 느낌(정서), 신체 반응은 뒷바퀴다.

웃는다는 것…. 유머를 생각하고 말한다는 것….

이런 행위는 우리의 기분을 순간적으로 좋은 상태로 바꾸어 놓는다.

기분이 좋은 상태를 유지할 수 있다는 건 노래를 더 잘하고, 골프를 멋지게 치는 것과 크게 다르지 않다.

행동과 생각은 함께 간다.

웃는 행위, 그것은 우리의 기분과 몸의 상태를 최상으로 만들어 주는 아주 손쉬우면서도 유용한 도구이다.

우리 자신과 사랑하는 사람을 위하여 지금 당장 웃음을 선택함이 마땅하다.

말하지 않으면
귀신도 모른다

사랑하는 사람을 떠나보내며

교회에서 만난 참 사랑하는 후배를 먼저 하늘나라로 보내고
왔다.

눈물이 흐르는 걸 참을 수 없었다.

참 순박하고 꾸밈이 없던 친구……

수련회에서 함께 이야기하며 밤을 지새우고, 맘에 두고 있는 여
자 자매 이야기를 하고, 나에게 한 수 가르쳐 달라고 연애 박사님
이라고 하며 따르던 선한 모습의 청년이 오늘 하늘나라로 갔다.

영성 사신을 차마 보지 못하고 울고 또 울었다.

함께한 추억이 많았기에 더욱더 슬프고 안타까웠다.

얼마 전까지만 해도 이야기를 나누고 싶다며 말했던 그 친구
가 이젠 없다.

살아가는 동안 안타까운 일들이 많이 있지만, 사랑하는 이를
보내는 마음은 앞으로도 문득문득 나를 억누를 것 같다.

이젠 없구나…. 세상 어디에도 없구나…

먼저 더 좋은 하늘나라에서 살고 있겠지 하며 위안을 삼아 보
지만, 내 가슴은 퍼렇게 멍이 들어 버렸다.

얼마 전에 한 목사님이 아내를 교통사고로 떠나보내고 장례식

징에 오신 분들에게 하셨다는 말씀이 생각난다.

"사랑하십시오…. 더 사랑하십시오. 보낸 후에 슬퍼하지 말고, 지금 내 주위에 있는 이들을 더욱 사랑하십시오."

시선

'호오 포노포노'

며칠 전 나에게 어떤 분이 CD 한 장을 주셨다.

『호오 포노포노』라는 책을 읽어 봤냐고 하면서…. 나는 "한 번 들어보긴 했는데요." 하면서 감사히 받았습니다.

그분은 마치 놀라운 무언가를 발견한 것처럼 흥분했고 꼭 들어 보라며 내 손에 쥐어줬다. CD에서는 노래만 흘러나왔고 무언지도 모르겠어서 인터넷에 검색해 보았더니 '호오 포노포노'란 베스트셀러의 이름이자 하와이 사람들의 부와 건강을 부르는 주문 같은 말이었다.

책을 소개한 이는 이렇게 썼다.

"누구나 세상을 바라보는 렌즈를 갖고 있다. 종교인이나 철학자, 심리치료사, 작가와 연사들, 기업가들을 비롯해 세상 모든 사람은 특정한 사고방식의 틀로 세계를 인식한다. 이 책은 그 모든 렌즈를 해제하는 새로운 렌즈의 사용법을 제시할 것이며, 여기서 건네는 새 렌즈로 갈아 끼우는 순간, 당신은 비로소 제로 상태의 '무한지대'에 도달하게 될 것이다."

그리고 이 책의 핵심은 인간의 저변에 있는 말을 되뇜으로써 자신의 감정을 통제할 수 있다는 것이다.

"사랑합니다."

"저를 용서해 주세요."

"미안합니다."

"감사합니다."

이 네 가지 말을 자주 하면 마음이 깨끗해지는 건 맞다.

그러나 내가 동의하지 않는 두 가지가 있다.

첫째는, 이 말을 되뇔 때 감정의 제로 상태인 '무한지대'에 도달한다는 표현이다.

그리고 요즘 이 책과 노래가 영성을 가르치는 사람들에게 『시크릿』이상의 책이라며 칭송받고 있다고 하는데, 둘째는, 진리를 찾은 양 그걸 최고로 알고 믿고 신봉하며 떠들어 대는 사람들이다.

나는 강의할 때도 웃음 강의는 곧 행복 강의이기에 사랑, 감사, 용서를 이야기한다.

그리고 한 번 더 웃으려고 한다.

그러나 나는 이 웃음이 전부라고 하지는 않는다.

단지 '웃음'은 사람의 감정을 순식간에 '긍정'으로 바꾸어 놓는 도구이기 때문에 사용하는 것이다. 무엇을 위한 도구…. 즉, 건물을 지을 때 하나의 벽돌 같은 것 말이다.

그 한 장, 한 장의 웃음의 벽돌들이 경험과 고뇌, 슬픔과 좌절이라는 세상사의 굴레 속에서 뒤엉켜 하나의 튼실한 건물을 올리는 데 아주 유용한 도구가 되기 때문에 나는 열변을 토하며 강단에 선다. 나는 사람이 살아가면서 자신의 감정을 완벽하게 제어하고 살 수는 없다고 생각한다. 스쳐 가고, 깨우치며 나아가는 것이라고 생각한다.

성인이라고 하는 사람들도 사람인 이상 죽을 때까지 끊임없는 유혹과 번민에 시달렸을 것이다.

이때 우리가 해야 할 중요한 것이 있다.

'삶의 시선'과 '바라보는 태도'이다.

사람이 걱정하는 건 두 가지… 사람과 환경의 문제이다.

이 두 문제에서 언제까지라도 자유로울 수 없다면 내 생각을 바꾸는 것이다.

내 생각을 긍정으로 바꾸는 참 좋은 도구가 '웃음'이고, 그 '웃음'을 웃는 궁극적인 목적은 '삶의 시선'을 긍정으로 선회하도록 하는 데 있다.

한 번 웃는다고 해서 주위의 것들이 순식간에 바뀌지는 않는다.

그런데 감사한 건 한 번, 두 번 반복하다 습관이 되면 내 '마음의 상태'가 바뀐다는 것이다.

절대자 외에 사람이 만들고 깨달은 진리는 없다.

이 세상에서 사람이 살아가는 한 온갖 번민은 있을 것이다.

우리가 해야 할 일은 다시 한번 스치고, 깨닫고, 돌아서기의 반복이다.

마중물

지금은 시골에서도 보기 힘들어진 펌프. 작두 펌프라고도 하던데….

어릴 적에 펌프를 힘차게 움직여서 물이 콸콸 쏟아지면 참 시원하고 신기해했던 기억이 있다.

맨 처음에 물이 나오기가 힘들지, 한 번 나오기만 하면 점점 시원한 물이 많이 나왔던 펌프.

오늘 갑자기 그 펌프가 그립다.

그 물로 등목을 하면 정말 시원했는데….

지하수를 아래에서 끌어올려서 물이 나오게 하는 이론은 말하자면 대기 압력을 이용한 방식이다.

펌프로 물이 나오게 하기 위해선 두 가지가 필요하다.

하나는 물이 나올 수 있도록 펌프 안에 조금 부어주는 '마중물'이고 다른 하나는 순간적인 힘 있는 펌프질, 즉 손동작이다.

그래야 마중물과 펌프질로 인해 압력이 형성되면서 지하수가 올라오는 것이다.

오늘 내 머리를 맑게 하는 단어는 '마중물'이다.

물을 마시고 싶으면 '마중물'을 부어야 하고 펌프질을 해야 한다.

펌프질은 가끔 실패로 돌아가기도 해서 마중물을 다시 부어 넣어야 할 때도 있다.

'마중물'은 생각이다. 펌프질은 행동이고 실천이며 연습이다.

바른 생각이 들어가고 적시에 그 생각을 증폭시켜 줄 행동이 뒤따르지 않는다면 좋은 결과는 없다.

서서 마중물만 붓듯, 생각만 하는 사람이 있다.

또한, 마중물도 제대로 붓지 않고 펌프질만 하는 사람이 있다.

한 손으로는 바가지로 물을 붓고 다른 한 손으로는 펌프질을 조금씩 해야 한다.

그런 다음 힘 있게 양손으로 붙잡고 온몸을 실어 펌프질을 해야 한다.

말하지 않으면
귀신도 모른다

생각과 실천은 늘 함께 가야 한다.

생각만 하고 실천하지 않으면 몽상가이고 게으른 사람이 되고 생각 없이 행동만 하는 사람은 이루는 것이 없다.

할까 말까 할 때는 하면 되고, 갈까 말까 할 때는 가면 된다.

지금까지 생각만 했다면 오늘 바로 실천하기! 어떤가?

내게 오는 것

사람은 생로병사, 희로애락을 고르지 못한다.

그저 자기에게 다가오는 그것에 어떤 방식으로 반응하는지의 차이가 있을 뿐이다.

우리에게 많은 일이 일어나지만, 일일이 반응하며 살면 얼마나 피곤하고 힘들까.

'그러려니…', '원래 그런가 보다…' 하면서 지내면, 순간은 답답하고 힘들지 모르지만, 지나고 보면 '잘했구나…' 싶은 일들이 참 많다.

사람들은 인간 세상에서 일어나는 이 모든 일을 다스릴 수는 없지만, 다른 틀을 가지고 반응할 수는 있을 것이다.

나에게 불쾌하게 대하는 어떤 사람도 누군가의 사랑스러운 아들이나 딸이고, 누군가가 사랑하는 사람일 테고, 그 사람도 어떻게든지 살아 보려는 사람이고, 그 또한, 나처럼 세상을 행복하게 살고 싶어 하는 사람이겠다는 것을 생각하면, 나에게 온 것으로 인해서 그를 미워할 수만은 없을 것이다.

내게 오는 모든 것을 곱게 바라보며 안아주며 넉넉하게 웃어주는 그런 사람… 이젠 그런 사람이 필요하다.

사랑은 버리는 것

어릴 적에 교회에서 부르던 가스펠이 어느 날 문득 생각났다.

"사랑은 참으로 버리는 것, 버리는 것.
사랑은 참으로 버리는 것, 더 가지지 않는 것.

이상하다, 동전 한 닢
움켜잡으면 없어지고
쓰고 빌려주면 풍성해져 땅 위에 가득 차네.

사랑은 참으로 버리는 것 버리는 것
사랑은 참으로 버리는 것 더 가지지 않는 것."

예전에 함께 연구소에서 일하던 이은향 부소장님이 어느 날 몸이 아프셔서 집으로 모셔다드리는 길에 함께 차를 타고 가시며 이렇게 말씀하셨다.

"나이 들어서 이렇게 한 번씩 많이 아프면서 팍 늙나 봐."

말씀 중에 세월이 빠르게 지남을 아쉬워하는 느낌을 받은 나는 갑자기 이 노래가 생각났다. 우리는 어릴 적 기억을 더듬어 "사랑은 참으로 버리는 것…" 하며 율동도 하고 행복해했다.

노래가 끝나고 돌아오면서 뜨거운 무언가를 느꼈다.

'나중에 후회하지 않도록 살다 가자.' 눈물이 나도록 아름다운 이 세상에 찰나같이 살다 갈 때 진한 사랑 하나 멋지게 떨구고 싶어졌다.

그리고 나중이 아닌 지금, 이 작은 사랑을 버리고 나누리라 마음먹었다.

품성, 행동, 즐거움

"영화는 손이 아니라 품성으로 만든다."

"변화를 만들어 내는 건 지식이 아니라 행동이다."

"고뇌가 아니라 즐거움이 상상력의 원천이다."

영화 〈왕의 남자〉로 유명한 이준익 감독이 어느 인터뷰에서 한 말이다.

나는 이 말에 적극적으로 동의한다.

영화든 뭐든 어떤 결과물이 나올 때는 그 사람의 가치관이 배어 나오기 마련이다.

그래서 찬사를 받는 모든 것의 뒤에는 갈고닦은 그 사람의 질기면서도 지순한 품성이 묻어 있다.

또한 뛰어난 영화의 장면 뒤에는 감독의 상상력이 있는데 그 상상력의 원천은 즐거움이다.

맞다… '즐거움'

즐겁지 않으면 어떠한 에너지도 나오지 않는다.

즐거우면 사람의 뇌는 창조적으로 바뀐다.

고뇌하고 고심하면 밝은 생각은 잘 나오질 않는다.

지금 자신의 모습에서 '변화'하고 싶은가?

그 유일한 방법은 지금 바로 '행동'하는 것이다.

조금 무식하게 들리겠지만, '일단 해 보고 생각해도 늦지 않는다.'

나도 지금 일단 하면서 생각하고 수정하고 결단하고 노력하고 있다.

그러다 보면 놀라운 일들이 일어날 것이다.

살아간다는 건

있는 힘껏 살아라. 그렇게 살지 않는 것은 잘못이다.

살아갈 인생이 있는 한, 구체적으로 무슨 일을 하느냐는 그리 중요하지 않다.

자신의 인생을 가졌거늘 도대체 무엇을 더 '가지려하는가?'

잃게 되어 있는 것은 잃는 법이다.

이 점을 명심하라….

아직 운이 좋아서 인생을 더 살아갈 수 있다면 모든 순간이 기회다…. 살아라!

– 헨리 제임스, 〈사절들(The Ambassadors)〉 中

예전에 3일간 교육을 받고 왔을 때의 느낌이다.

나에겐 의미 있고, 아프고, 행복한 시간이었다.

프로그램 수강 중에서 미래에 되고 싶은 나에게 필요하고 그 어떤 걸 이루기 위하여 갖추어야 할 힘을, 지금 가지고 있지 않은 것 같다면 과거로 가서 찾아보고 느끼는…. 그래서 어떤 일에서건 그 안에 있는 '긍정적 의도'를 찾아서 나의 내적 에너지원으로 만드는 시간이 있었다.

과거로의 여행이 시작되었을 때 나는 우울해지고, 슬프고, 눈물이 흘렀습니다.

생각하고 싶지 않았기 때문에….

물론 행복했던 일도 있었겠지만, '과거'는 나에게 '슬픔'이다.

특히 초등학교 시절은 뚝 떼어서 걷어내 버리고 싶었다. 내 무의식에서 잊고 살았는데 다시 꺼내어 보라니… 가슴이 막힐 듯 아팠다.

그리고 억울했다.

그때는 참 많이도 사랑에 굶주렸나 보다… 나를 와락 안아줄 사람이 필요했고, 내 말을 공감하며 들어줄 누군가가 필요했지만, 주위는 어둠이었다.

전기도 들어오지 않는 산 아래 집에서 우는 나.

2학년 봄, 축구를 하다 신나게 돌아온 집, 쓰러져 있는 술병…. 고개 숙인 아버지. 두려움!

점점 어두워져 가는데 기다려도 오지 않는 아버지를 기다리며 목 놓아 울었던 나. 공포!

그런데 그 안에서 나의 내적 자원이 될 '긍정적 의도'를 찾으라니….

'힘들었지만, 그 순간에도 나를 지탱해준 것이 분명히 있었을 거야.' 하며 찾았다.

그간 그런 현실에서도 묵묵히 밝음을 잃지 않던 나!

말하지 않으면
귀신도 모른다

"재규야! 대견하다. 네가 그래도 밝게 자라 이젠 사람들에게 웃음을 주는구나…. 대견해!"

사람들은 어찌어찌 살아간다.

살아간다는 건… 사랑한다는 것보다 더 큰 의미이다.

지금 무슨 일로 많이 아픈가? 아파하고 많이 울어라.

그러나 그것은 지나가고 지나간다. 모든 건 끝이 아니다.

우리에겐 언제나 '시작'이 있다.

그리고 '가능'이라는 친구가 있다.

실패했으면 다시 시작하면 된다. 아프다면 다시 기뻐하면 된다. 힘들다면 조금 쉬면 된다.

모든 일에서 긍정을 찾기는 힘들지만, 나는 나를 너무 사랑하게 되었기 때문에 이젠 진짜 웃을 수 있다.

살아간다는 건 힘들고, 아프고, 고단함의 연속일지 모르지만, 살아간다는 건… 이미 아름다움이다.

"뒤로 돌아 가!", 역전의 날은 온다

나는 키가 저렴하다.

초등학교, 아니, 그때는 국민학교라고 했었지. 입학식 날 운동장 1학년 1반 맨 앞줄에 서 있는데 선생님이 함께 온 어머니에게 말씀하셨다.

"아이고…. 재규는 내년에 보내시지요!"

나는 키가 너무 작고 여느 또래 아이들보다 어려 보였다.

중고등학교에 가면 크겠지 했지만, 키는 소식이 없었고 예기치 않은 가정의 어려움으로 성장판은 제 기능을 못 하고 저렴한 상태로 멈추어 버렸고 단순히 키 때문에 단기사병으로 입대했다. 내가 고등학교 때까지만 해도 운동장에서 하는 조회라는 것이 있었는데 나는 언제나 앞이었다. 또한, 기준이었고 '앞으로나란히'라는 걸 한 번도 안 해 보았다.

학교에서는 키가 작은 사람이 앞에 서지만, 군대에서는 키 큰 사람이 앞이다.

"우향 앞으로 가! 좌향 앞으로 가!" 제식 훈련이란 걸 하는데 언제나 맨 뒤에 서 있던 나는 보폭이 긴 친구들이 한 걸음 내디딜 때 두세 걸음을 내디뎌야 했고 키 큰 친구들을 따라다니기 바빴다.

그런데 그런 나에게 앞에 설 수 있는 구령이 있었다.

"뒤로 돌아 가!"

지금 뒤에 있다고 언제나 뒤는 아니다. 누구에게나 희망은 있다.

남극의 펭귄은 짝짓기한 후 한 개의 알을 낳는다. 알을 낳은

암컷은 바다로 가 버리고 홀로 남은 수컷이 알을 품는다. 바람은 매섭고 영하 50도의 혹한은 모든 것을 얼려 버릴 기세다. 그러나 수컷은 그 혹한을 견디며 끝까지 알을 품는다. 그 추위 속에서도 알을 품고 있으면 그 알에서 언젠가 새로운 생명이 태어난다. 감동이다.

자신의 처지나 환경을 보고 미래를 포기하지 말자. 지금 힘들어도 희망을 놓지 말자.

우리에게도 분명히 역전의 날은 오고야 만다.

약밥 케이크

1991년 12월 6일, 22번째 생일.

우리 집은 전라도 광주에서 빚에 쫓겨서 도망치다시피 서울에 올라왔다.

버스비가 없어서 움직일 수도 없었고 밤마다 어머니가 박스를 줍는 일을 돕기도 했다.

정말 아무것도 없었다. 공부도 잘하지 못했지만, 대학은 꿈만 꿀 뿐 나에겐 닿을 수 없는 섬과도 같았다. 이렇다 할 직장도 없었고 희망도 없었다.

그런 상황에서도 어머니는 이들의 생일을 그냥 넘기기가 서운 하셨나 보다.

아침 일찍 일어났는데 어머니가 보이지 않으셨다. '새벽기도를 가셨나?' 한참 후에 들어오신 어머니의 손에는 방금 한 것으로 보이는 약밥이 들려 있었다.

내가 좋아하는 약밥을 새벽에 떡집에 가서서 사 오신 거였다.

꼭 내가 좋아하기 때문에 특별한 케이크를 준비한 것일 수도 있지만, 중요한 건 가격 때문이었다. 약밥에 초를 꽂고 어머니와 동생은 "생일 축하합니다~!" 하며 노래를 불렀다.

나는 지금도 약밥을 보면 가난했지만 가슴 따스했던 그 시절 이 생각난다.

어느 베트남 아줌마의 말

양재규 스피치와 법무법인 로고스 산하 '희망과 동행'이 좋은 뜻을 가지고 펼치는 사업의 일환으로 '다문화 가정에 대한 법률 지원과 행복 찾기'가 있다.

업무 추진차 여러 번 변호사님과 함께 한국의 남자와 결혼한 외국인들과 만남의 자리를 가졌다. 우리는 이런저런 애기를 하던 차에 물어보았다.

"한국에 오신 지 얼마나 되셨어요?"

"2년 반요."

"와, 그런데 한국말을 잘하시네요?"

"처음엔 힘들었는데, 이젠 눈빛만 봐도 알아요."

"눈빛만 봐도 안다는 건 대단한 경지인데요?"

"그냥 그건 알겠어요…. 나에게 나쁜 말을 하는지, 좋은 말을 하는지요."

표성을 보고 아는 것이다.

말을 못 하는 아이들도 자신을 대하는 어른들의 표정만으로도 싫은 사람과 좋은 사람을 구분한다. 나에게 우호적으로 대하는 사람은 표정이 밝다.

그렇지 못한 사람은 눈빛이 다르다. 그에 따라 내 기분도 달라진다.

장례식

친구 아버지가 하늘나라로 가셨다.

목사님은 발인 예배 내내 "육체는 흙으로 돌아가고 영혼은 주님 계신 하늘나라로 돌아간 것입니다."라고 말씀하셨다.

또 사람의 말로 뭐라 위로할 말은 없지만, 주님이 주신 위로함을 받고 슬퍼하지 말라고 하셨다.

그러나 가족들은 울먹였고 어머니는 말씀 내내 꺼이꺼이 울고 계셨다.

80을 넘게 향수하시고 얼마 전에는 교회에 대한 헌신과 공로를 인정받아 명예 장로님까지 되시고 주무시다가 아무 고통 없이 돌아가셨지만…. 가족들은 슬프다.

호상이라고 하며 내심 웃어 보려고도 하지만 늘 곁에 습관처럼 있던 사람의 죽음은 남은 자들에겐 영원한 이별과 슬픔 그 자체다.

죽음엔 좋은 죽음이 없다. 억지로 입을 틀어막고 눈을 막아도 아프고 흐르게 마련이다.

시간이 지나면 아물고 잊히겠지만, 그래도 때로 문득 생각이 나 한숨지으며 눈시울이 붉어질 것이다.

아픈 건 아픈 것이고, 슬픈 건 슬픈 것이다.

화장을 하기 위해 관이 들어갈 때 친구는 울었다. 나는 아무것도 해 줄 게 없어서 어깨 한 번 툭 치고 손을 꼭 잡아 줬다.

돌아오는 길에는 친구에게 조금 이따가 만나자고 하고 서로

말하지 않으면
귀신도 모른다

얼싸안았다.

내 아버지도 언젠가는 돌아가시겠지…. 그때 누군가가 내 어깨를 툭 치며 나를 안아 주겠지….

우리는 어떠한 말보다 그 툭 치는 손길을 기억하고 자신을 안아 주는 숨결을 통해서 위로를 얻는다.

사람은 누구나 힘들 때 자신을 위로해 준 누군가를 기억한다. 친구가 나를 기억해서가 아니라 그가 친구이기 때문에 어깨를 토닥여 주는 것이다.

내가 아끼는 사람이기에 그 사람의 아픔을 나누고 싶은 것이다.

초등학교 1학년 공개수업 날에

간호사인 아내는 야간근무를 하고 잠도 제대로 자지 못하고 아침도 먹는 둥, 마는 둥 하고 나와 아들의 학교로 향했다. 초등학교 1학년 첫 공개수업 날이다.

시간이 거의 다 되어서 들어간 교실은 기대에 찬 어머니들과 선생님, 아이들 모두 들뜬 모습이었다. 나는 현서와 눈으로 인사를 하고 엄지손가락을 치켜들어 보였다.

아이들은 우리 엄마나 아빠가 왔는지 궁금해서 뒤를 돌아보고 수업에 집중하지 못했다.

한 명씩 나와서 그림으로 미래의 모습을 그린 것을 들고 자신의 꿈을 이야기했다.

마지막으로 〈어버이 은혜〉를 부르고 선생님이 "뒤에 계신 엄마, 아빠한테 가세요!"라고 했을 때 아들 현서는 힘껏 달려와 안겼다.

그런데 아들의 어깨너머로 보이는 아이들이 있었다. 몇몇 아이가 의자에 가만히 앉아 있었다.

엄마가 오지 않은 것이다. 어떤 아이는 책상에 가만히 엎드려 있었고 어떤 아이는 울고 있었다. 담임 선생님은 눈가에 눈물이 맺힌 모습으로 그 아이를 안아 주셨다.

나는 선생님이 잠시 자리를 떠난 사이 울고 있는 그 아이에게 다가갔다.

"이름이 뭐야?"

"수혁이요."

"그래, 엄마가 오지 않아서 슬프구나?"

아이는 복받치는 울음을 조용히 터뜨렸다.

나도 어릴 적 초등학교 시절에 엄마가 없었다. 소풍을 가는 날, 아빠와 사는 나는 도시락을 싸 주지 않아서 가지 않았다. 학교에 엄마가 오는 아이들이 그렇게 부러울 수가 없었다.

수혁이의 마음을 나는 안다. 슬프고 엄마가 얼마나 보고 싶고

말하지 않으면
귀신도 모른다

서러울까.

"엄마는 직장에 다니시니? 아빠는?"

"엄마는 일 나가시고 아빠는 하늘나라 가셨어요…"

너무 어린 나이에 아빠가 없으니 그 사랑을 어디서 채울까. 내 가슴도 울었다.

내가 행복한 순간에 누군가는 울고 있을지도 모른다. 그 눈물을 닦아 주는 사람이 되자.

지금 이 순간에 감사하자. 함께하는 가족을 더욱 사랑하자.

수혁이가 내 마음 한편에 들어왔다. 빼빼 마르고 눈이 커다란 수혁이.

나중에 사회복지사가 되어서 어려운 사람을 도와주겠다는 수혁이.

학부모 초청 공개수업 날에 난 한 뼘쯤 더 큰 것 같다.

인정, 사람을 대하는 자세

이해되지 않으면 인정하라. 인정도 안 되면 보지 마라.

원래 그런 사람이 있다.

당신도, 나도 원래 그런 사람이다. 원래 그런 사람은 나쁜 사람이나 좋은 사람을 말하는 것이 아니다. 자신의 의지와 상관없이 여러 유전자가 섞이는 가운데 생각과 행동의 특성이 개인에게 영향을 미치며 내장된 독특한 패턴. 이것을 '기질'이라 하며 바꿀 수 있는 것이 아니다. 혈액형이라 생각하면 된다. 이것이 원래 나다.

그러나 원래 그런 사람으로 모두가 살아가는 것은 아니다. 필요에 따라 환경이나 배움이나 경험을 통한 깨달음의 정도 그리고 종교나 신념으로 인하여 인생을 관조하는 태도나 성숙도 등에 따라 원래 자신과는 다른 모습으로 살게 되거나 자신만의 독특한 의식과 행동의 패턴을 선택하여 고수하며 유지·발전시켜나가게 된다.

'환경에 대하여 특정한 행동 형태를 나타내고 개인을 특징짓는 지속적이며 일관된 행동 양식', 이것을 우리는 '성격'이라 하며 성격은 바꿀 수 있다.

나쁜 사람과 좋은 사람이 있는 것이 아니라 상황에 따라 나빠질 수도, 좋아질 수도 있으며 몸과 마음이 건강할 때와 건강하지 않을 때 사람들은 평소와 다른 패턴을 선택하거나 고수한다.

그러하기에 평소에는 온화한 사람이 여느 때의 모습과 다른 거친 말이나 행동을 한다면 다른 부분에 문제가 있는지 고려해 볼 필요가 있으며 현재 몸과 마음이 건강하지 않은 상태일 확률이 높으니 불편한 부분을 해소하도록 도와주면 된다.

그런데 평소에도 기분 상하게 말을 하거나 불현듯 화난 것처럼 행동하고 말하는 사람은 지금이 아닌 오래전부터 습관화되고 굳어진 방식이므로 상대가 쉽게 받아들이기는 힘든 사람이라 생각되며 꾸준한 인정과 돌봄을 통한 치유가 필요하다 할 것이다.

"도대체 그 사람은 이해할 수가 없어."

이런 사람이 주위에 한두 명씩은 꼭 있다.

나와 같지 않은 사람, 내 맘 같지 않은 사람, 나이는 어디로 드셨는지 자기만 위해 달라고 하고 냉소적이며 배려는 없고 약삭빠르며 얄밉고 고마움도 모르며 고집쟁이에다 변덕이 죽 끓는 듯하여 도대체 어느 장단에 춤을 춰야 할지 모르겠는 사람, 좀 심하게 신경증적이고 정신병자 같은 사람.

원래 그런 사람이라 치부해 버려도 이해할 수는 없다. 타고난 기질이나 성격이 건강하지 않은 상태에서 형성되었거나 현재 건강하지 않은 상태일 것이다. 여기에서 문제는 한번 보고 말 사람이라면 이상한 사람 취급하며 안 보면 그만이지만, 직장이나 모임 등에서 힘들지만 매일 혹은 빈번히게 상대해야 하는 사람이라면 고민일 것이다. 도대체 어떻게 해야 한단 말인가.

만약 상대가 당신에게 직접적으로 무례하거나 기분을 망치는 언행을 했다면 참지 말고 말하라. 그러나, 그러나, 그러나… 절대 자리에서 즉시 대꾸하며 말하지 마라. 누구라도 자신의 언행에 대해서 상대방이 즉시 따지듯이 물어오면 공격당했다고 생각하여 해소는커녕 더욱 악화되고 관계 맺기에 낭패를 볼 것이고 상대가 건강하지 않은 사람이라면 당신은 더 심한 공격을 무참하게 당할 것이다.

이때는 잠시 숨을 고르고 잠시 후나 한참 후 아니면 며칠 후에 상대가 기분이 좋거나 풀어졌을 때 다른 장소에서 말하라. 이때의 말은 철저하게 그 상황에서의 내 감정, 당신의 감정, 그 당시의 느낌만을 말하라. 그러면 오히려 관계가 좋아지거나 최소한 당신에게만은 조심할 것이다. 어떻게 나한테 그럴 수가 있냐느니 하는 말은 또 다른 공격으로 받아들여져 싸움밖에 안 된다. 그런 사람은 자신의 언행에 대해 깊게 생각하지 않으며 상대의 감정 따위는 안중에 없다. 악해서가 아니라 모르는 것이니 인정해야 한다. 절대 가르치려 들지 마라. 지옥을 경험하기 싫거든.

내 마음과 같은 사람은 없다. 상황이나 환경에 따라서, 그리고 자신의 여건에 따라서 비슷한 패턴으로 선택하고 행동하는 것이다. 마음에 맞는 것 같으나 어떤 부분에서 다를 수도 있고 마음에 맞지 않는 것 같으나 어떤 상황에서 단짝이 될 수 있는 것이다. 마음 맞는 사람은 고민할 필요도 없고 걱정도 안 되지만, 늘 불편한 사람들이 문제다. 그렇다고 늘 마음 맞는 사람과 있을 수는 없는 법이니 잘 살아가는 방법이 필요하다. 그것은 '이해가 아닌 인정'이다.

사람마다 얼굴이 다르듯이 저마다 기질이 다르고 성격이 다르다.

"아…. 저 사람은 저런 사람이구나." 이 한마디로 끝내라. "그런 네 날이야."라는 말은 섬어누자.

그리고 중요한 한 가지.

다른 사람보다 당신 자신이 중요하다. 인식하고 해석하는 방식은 결국 나의 사고와 가치관에서 나온다. 당신의 정신건강과 삶의 질을 위해서 어떠한 사람에게서든지 다섯 가지 이상 좋은 점을 발견하고 상대에게 말하라. 이해하려면 가려져 있던 것들이 그대로를 인정하면 보인다.

좋은 점을 상대에게 말해 줄 때 당신이 살아나고 그 사람이 살아나며 인생이 치유된다.

결국 그로 인해서 또 한 사람을 살리는 것이다.

금붕어는 아직도 살아 있었다

내 안의 가시는 제거되어야 하는가?

"아빠 마음은 두 가지야…. 첫째는 아침에 일어났을 때 금붕어가 죽어 있었으면 좋겠다는 마음, 둘째는 살아있어서 나머지 세 마리와 함께 살도록 끝까지 돌봐줄까 하는 마음."

1년 전에 대형마트에서 아들이 얻어 온 금붕어 세 마리. 아들은 어항을 사서 키우자고 했고 우리는 아들에게 제안했다.

"금붕어가 어떻게 될지 알 수 없으니 일단 이 통에 넣어놓고 보다가 오래 살면 사자."

집에 어항이 없었던 아내와 나는 조그만 플라스틱 통에 금붕어를 넣어놓고 방치했고 생각했던 대로 두 마리는 이내 죽었다. 그런데 끝까지 살아남은 한 마리가 있었다.

우리는 서서히 그 대단한 금붕어에 마음이 가기 시작했고 누가 먼저랄 것도 없이 물을 갈아 주고 챙겨 주며 서서히 금붕어 한 마리는 그렇게 우리 식구의 구성원이 되었다.

1년이 지난 지금은 작고 보잘것없던 금붕어는 물도 자주 갈아 주고 어항도 청소해 주고 산소 공급기도 설치해 주는 우리 가족에게 작은 기쁨을 주며 꼬리와 지느러미가 컸으며 멋지고 제법 튼실하게 자랐다.

그러던 어느 날. 어제… 아내가 새로 사 온 산소 발생기를 교체해 주고 물을 갈아 주다가 그만… 금붕어 한 마리에게 상처를 주었다. 내 둔한 손 때문에 한쪽 비늘이 벗겨지고 한쪽 눈에 상처가 생겨버렸다.

"어떡하지… 미안해서 어떡하지…"

죽을 것처럼 배를 위로 보이며 한쪽 구석에서 눈을 껌뻑거리는 금붕어…

나는 죄책감과 함께 순간적으로 흉한 몰골의 붕어가 차라리 죽어 버렸으면 하는 마음을 갖게 되었다. 그리고는 그 한 마리를 꺼내어 욕실에 있는 세숫대야에 따로 물을 담아 넣어 놓았다. 그리고 함께 걱정스러워하는 아들에게 말했다.

"현서야… 아빠 마음은 사실 두 가지야… 첫째는 아침에 일어났을 때 금붕어가 죽어 있었으면 좋겠다는 마음, 둘째는 살아있어서 나머지 세 마리와 함께 살도록 끝까지 돌봐줄까 하는 마음."

잠들기 전까지 욕실의 불을 켜서 금붕어를 확인하기를 여러 번… 새벽에 일어나 다시 보고… 아침에 일어나서 보았을 때 차라리 죽어 있었으면 했다.

그런데 한쪽 눈을 디쳐서 지세기 불안정한 것 말고는 여전히 살아있었다.

찝찝함과 다행이라는 마음의 교차.

나는 불편한 것을 참지 못한다.

바짓단이 조금만 길거나 짧으면 이내 수선해야 하고, 어수선하고 어그러진 것이 있으면 그것을 내 눈앞에서 사라지게 하거나 외면하려 든다.

내 안에 있는 손가락에 박힌 가시처럼 나를 아프게 하고 불편한 것들을 나는 참지 못한다. 그것을 빼내야 직성이 풀린다. 그런 나는 아침까지 살아있는 금붕어 한 마리를 통해 깨달음을 얻었다. '나를 아프게 하고 불편하게 하는 그 가시가 나를 살리고 깨우치게 한다.'

예전에는 나의 부족한 점을 누군가가 지적하면 참을 수가 없었다. 나는 그것을 외면하고 싶었던 것이다. 비늘이 벗겨지고 한쪽 눈이 사라지도록 내가 만들었음에도 불구하고 나는 그것을 없던 일로 하고 싶었던 것이다. 그래서 내 마음이 편해지기를 바랐던 것이다.

나도 외면하고 싶은 나에게 부족한 것, 그러나 그것을 온전히 인정해야 발전한다.

모르는 것을 아는 것처럼 넘어간다고 아는 것이 되는 게 아니다. 인정하고 내가 그들보다 부족한 것을 채우고 강점을 더욱 키울 때 나는 더욱 성장한다.

금붕어는 나로 인하여 생명을 다할 수도 있겠으나 나는 외면하지 않겠다. 나의 실수를 인정한다.

이제는 불편했던 금붕어가 죽기를 바라기보다 사는 날까지 나에게 확인시켜 주기를 바란다.

말이 필요 없는 시대

맥도널드 키오스크에서 주문하는 것은 여전히 어색하고 서툴다. 화면의 품목이 한눈에 들어오지도 않고 조작 방법도 서툴러서 주문은 매번 실패한다. 아니, 포기해버리고 싶은 마음이 당연한 실패로 이어지는 듯하다. 중학교 1학년인 아들은 그것도 제대로 못 하냐고 핀잔을 주지만, 버벅거리며 기계로 주문하느니 차라리 실패와 핀잔을 무릅쓰고 사람을 선택한다. 진심을 말하자면 내 안에서 기계를 거부하고 사람과의 교감을 원하는 듯하다. 롯데리아나 KFC와 같은 매장에서도 언제부턴가 "자동 기계로 주문하는 시간입니다."라고 쓰인 푯말로 주문대를 막아놓는 시간이 짚아졌다. 그럼에도 불구하고 니 는 기어이 계산대 앞에 사람을 불러 세운다. 사람과 교감하며 주문하고 싶을 뿐이고 나는 불편을 선택하더라도 아직 기계에 익숙해지고 싶지가 않다. 여전히 아날로그가 더 익숙한 나는 살아 있음을 확인하고 감성이 느껴지는 삶을 살기 위해 서로를 대하고 얼굴과 눈을 마주 보고 표정을 읽으며 여러 가지 몸짓의 언어를 교환하고 싶다.

말을 하지 않고 키오스크로 주문하면 인건비가 줄어들고 편할 수는 있어도 그나마 사람 간에 남아 있던 한 줌의 정마저 사라진다. "몇 번 손님, 주문하신 햄버거가 나왔습니다."라고 말하면 주문한 사람은 그때도 아무 말 없이 가져가면 끝이다. "이거, 이거 맞으시죠?", "감사합니다." 정도라도 대화하면 그나마 다행이다. 자주 볼 사람도 아닌 아르바이트생과 감정 교류를 굳이 할 필요까지야 없겠지만, '말이 필요 없는 사회'는 능률과 간편함의 대가로 마음과 관계에서 인간미가 사라지는 재앙을 불러올 수 있다.

공기청정기의 성능이 아무리 좋아도 비 온 뒤 숲속의 공기를 따라갈 수는 없다. 한때 어떤 이들은 이북(E-book)으로 인하여 태블릿 PC 하나만 있으면 어마어마한 양의 책을 간편하게 담아서 가지고 다니며 어디서든 읽을 수 있기에 무겁고 번거로운 종이책은 종말을 고할 것이라 호언장담했지만, 그 예상은 여지없이 빗나갔다. 사람들은 책의 내용도 중요하지만, 여전히 종이 냄새를 맡으며 손가락으로 전해져 오는 종이의 질감을 느끼며 책장을 넘기고 웅크리거나 걸터앉아 책을 보는 행위를 사랑하며 그 행위가 더해져야 책을 읽는 것이라 할 수 있다고 여긴다. 신문 역시 마찬가지다. 또한, 내용이 화려하고 감동적인 글이라도 전자 메일로 보내오거나 인쇄되어 나온 편지를 받아 읽는 경우보다 필체는 개발새발이더라도 손으로 직접 꾹꾹 눌러쓴 손편지에 유난히 더 감동하는 이유는 사람이 살아갈 수 있는 힘을 제공하는 사랑의 감정이 에너지의 파동으로 전환되어 사람의 본성 저변에 깔려있기 때문이다. 여기에서 언급한 사랑은 기쁨과 슬거움만이 아니라 슬픔, 감동, 흥분, 분노 등의 감정을 모두 수반한다.

사람은 사람의 마음에서 나오는 진심의 말과 신과 사람에서 나오는 사랑을 먹고 살며 관심과 희망 그리고 만져지지 않는 접촉에서도 느끼고 서로 위로함을 나누며 살아가야 진정 살아있음을 느낀다.

크리스천 베일 주연의 영화 〈이퀼리브리엄〉은 21세기 초 지구의 '리브리아'라는 새로운 세계의 독재자가 통치의 목적으로 국민에게 사랑, 분노, 증오 등의 어떠한 감정도 느끼지 못하게 하는 '프로지움'이라는 약물을 정기적으로 투약하게 하는 세상을 배경으로 하고 있다. 극 중 존 프레스턴으로 분한 크리스천 베일은 약물 투여를 거부하고 책, 예술, 음악 등을 통하여 여전히 감정을 느끼며 살아가는 반대 세력을 소탕하고 책이나 예술작품을 불살라 없애버리는 일을 하는 특수요원으로 나온다. 하지만 결국 존 프레스턴은 아내의 숙청, 동료의 자살 등의 일련의 사건들을 통하여 약물을 거부하고 사라진 감정을 되찾아가며 감정과 인간미가 사라진 제국인 '리브리아'를 마침내 끝내버린다.

영화 〈이퀼리브리엄〉에서는 사람들이 물밀듯 출퇴근하는 모습이나 광장에 군중이 모여서 통치자가 나오는 화면을 응시하는 장면에서 사람들의 옷이 동일하며 대화가 없고 무표정한 모습을 통해 세상의 삭막함을 보여 주려 했다. 웃음과 눈물이 사라진 무미건조함은 곧 죽음과도 같다. 이러한 이유로 간편한 것과 인간미 사이에서 승자는 단연코 인간미가 될 것이라 나는 확언한다.

〈나 혼자 산다〉가 인기 예능인 것은 우연이 아니다. 그만큼 혼자 사는 사람들이 많아졌다는 방증이다. 그래서 얼마 전만 해도 어색했던 혼밥, 혼영, 혼술 등 밥도, 영화도, 술도, 여행도 혼자 먹고 보고 마시는 사람들이 늘어났다. 그러니 더욱 말할 사람도 없고 대화의 필요성도 못 느끼며 고립되고 외로워진다. 그래서 시간이 가면 갈수록 어떻게 말하고 대화해야 하는지 그 방법을 물어오는 사람들이 늘어나고 있다.

'말이 필요 없는 자동 주문 기계'라니. 우리는 더 말해야 하고 서로를 느껴야 한다. 전화도 통화보다는 문자가 편하다는 사람들도 많다. 문자로는 이런저런 말을 잘하던 사람이 얼굴을 마주보고 있으면 문자를 서로 주고받으며 농담도 했던 그 사람이 맞나 싶을 정도로 어색해하는 이들도 있다.

혼자일수록 기회를 만들어서 더욱더 뜨겁게 대화해야 한다. 그러면 면역력도 증대되어 잔병도 사라질 것이다.

말이 필요 없는 사회와 인간미가 없는 사회는 동일하다. 사람은 말을 하고 듣고 느끼며 살아가야 한다. 자신의 이야기를 하고 상대의 생각을 듣고 공감을 얻고 위로받고 사랑하며 살아가야 사람이 살아난다. 감정의 교류가 답이다. 사람은 생각을 하고 정신이 있는 영적인 존재인 '생령'이기에 살아있음을 서로가 확인해 주고 확인받아야 한다. 말이 필요 없는 기계를 어쩔 수 없이 사용하게 된다면 기계를 마주하고서라도 말하라.

꿈, 내가 살아가는 이유

당신의 꿈을 뺏는 이는 오직 당신뿐이다.

2012년 2월 13일부터 평생 처음 다이어트라는 걸 해 봤다. 그전의 나의 뇌에는 다이어트나 운동, 식단 조절 같은 세포는 존재하지 않는 듯했다. 내 몸매는 원래 이런 몸매라 생각했다. 아니, 생각조차 하지 않았다. 계단 오르기가 조금 힘들었지만, 엘리베이터를 타면 되었고 아침에 몸이 조금 찌뿌둥하며 맘에 드는 옷을 입을 수 없는 것 빼고는 별 불편함 없이 그냥 살아왔다. 그러던 내가 이대로는 살 수 없다고 느끼고 더 만족스러운 삶을 위하여 다이어트를 시작했다. 밥을 조금 줄이고 복스럽게 잘 먹던 음식을 거절할 때 주위 사람들은 말했다. "하던 대로 해. 그런 거 하지 마. 너한테 안 어울려." 재미있고 긍정적인 나의 이미지에는 통통함을 넘어 뚱뚱한 내 모습이 어울린다며 다이어트는 절대 하지 말라고 했다.

"지금이 딱 좋은데, 무슨 다이어트야."
"살 빼면 양 원장 이미지 살릴 수 없을 텐데."
"다이어트는 아무나 하나."

나는 오기가 생겨서 나와의 싸움에 돌입했다. 또한, 나도 한다면 한다는 것을 보여 주고 싶었다.

먹고 먹으며 움직이지 않으면 당연히 살은 찌기 마련이다. 159cm, 86.7kg. 어쩌다 보니 내 몸을 방치하고 그렇게 되었다. 힘들었다. 그럴 때마다 그냥 먹고 싶은 거 먹고 재미있게 살라는 주위 사람들의 말은 달콤했고 지금까지 살아온 나의 뇌와 세포들은 굴복하고 싶었다. 힘들어서 포기하려고도 했다.

그럼에도 불구하고 나는 꿈꿨다.

목표가 생겼고 체중계에 오를 때마다 줄어드는 몸무게를 보며 재미를 느꼈다. 무엇보다 편안해지는 몸과 옷을 입었을 때 느끼는 피팅감이라는 걸 처음 느꼈을 때의 기분은 최고였다.

음식을 조절하여 기존에 먹던 음식보다 건강한 식단으로 먹었고 대부분 걷던 내가 뛰기 시작했다.

다이어트를 시작한 지 6개월쯤 지났을 때 나의 몸무게는 69.7kg이었다.

다이어트에 성공하게 해달라며 기도하며 인내했다.

당신이 목표를 정하고 앞을 향해 달릴 때 하지 못하게 하고 부정적으로 조언하는 것은 무엇이라도 듣지 마라. 그 말에 귀 기울이지 말고 오직 목표를 향해 뛰어라. 주위 사람의 말을 듣고 당신이 그 꿈을 포기한들 그들이 당신의 삶에 도움이 되겠는가.

꿈을 이루지 못했을 때 그들에게 하소연한다면 그들은 이렇게 말하지 않을까?

"누가 너더러 하지 말라고 했어? 그냥 내 생각을 말했을 뿐이야."

당신의 꿈을 다른 사람이 좌지우지하지 못하게 하라.

그 꿈이 무엇이든 절대 포기하지 마라.

그 이후로 다시 몸무게가 늘어서 현재는 다시 다이어트에 돌입했다. 즐겁다. 나의 인생을 만들어가는 것이 재미있다. 꿈은 할 수 없던 것을 할 수 있게 만든다.

100세 시대라고들 한다. 거부할 수 없는 이 현상은 누구에게는 재앙이 되고 누군가에게는 희망이 될 것이다. 사람은 죽지만, 인간의 목표가 무덤이라 하여 "언젠가 죽을 거, 이런 것 해서 뭐해?"라고 하는 사람에겐 희망이 없다. 각자의 인생에는 몫이 있다. 이 세상에 살면서 기필코 해내야 하는 '몫'. 스치듯 살다 가는 이 세상에 흔적을 남기자. 누군가가 당신의 흔적을 보고 치유되어 살아나서 든든히 세상을 보듬고 이겨내어 사랑하며 살도록 멋진 꿈의 흔적을 만들어 놓아야 하는 몫, 그 몫이 당신의 꿈이어야 하며 절대 그 꿈을 두려워하지 말아야 한다.

생각만 하고, 자로 재보고, 두려워서 한 발자국도 떼지 못하며 지질하게 살지 말고, 당신의 삶이 역사가 되게 하라.

꿈꾸던 일이 이루어지지 않았다고 해서 그 꿈이 사라진 것은 아니다. 그 꿈을 이룰 사람도, 간직할 사람도, 빼앗길 사람도 오직 당신뿐이다.

선택은 오직 당신의 몫이다.

부모와 자녀

지지와 격려 그리고 인정하고 안아 주면 그만이다.

"우리 애가 다른 이상이 있는 건 아닌데, 말소리도 작고 예전부터 말할 때 자기주상노 제대로 못 펼치고 쑤뺏거리고 늘 자신감이 없어요…. 원장님에게 스피치를 배우면 말도 잘하고 자신감도 생길까요?"

"네…. 어느 부분이 취약한지 수업을 일단 해 보면 알 겁니다…. 너무 어리면 굳이 안 하셔도 되는데… 아이가 몇 살인가요?"

"25살이요…."

그분의 25살 성인 자녀는 어떤 상태인지 보지 않아도 알 수 있다. 좋아하는 것, 싫어하는 것, 잘하는 것, 하고 싶은 것 네 가지를 물어보면 분명 꿀 먹은 벙어리가 될 것이고 자신에 대한 생각은 바닥을 헤맬 것이다. 자기 자신의 생각은 없고 엄마나 아빠의 눈치만 보며 의기소침한 상태이거나 반대로 분노가 가득 차 있는 상황일 수도 있다. 지금까지 인생의 모든 선택과 결정을 부모가 해 주었을 것이며 엄마는 이렇게 말할 것이다. "애가 느리고 제가 옆에서 말을 안 하면 도통 안 해요⋯. 부족한 게 없는데⋯. 애가 왜 그러는지 모르겠어요⋯. 물어봐도 대답을 잘 안 하니, 내가 해결해 줘야 해서 힘들고 피곤해요, 저도⋯."

자식 또한 힘들었을 것이다. 부모가 자신의 의견은 묻지도 않거나 강요하고 대신해서 결정해 주었기 때문에 억울하기도 했을 것이고 인정받지 못해서 자신을 무가치하게 여겼을 수도 있다.

누군가 자신을 바라봐 주고 지지해 주면 힘이 생긴다. 자녀가 말을 잘하고 자기 일을 알아서 하는 주도적인 성인으로 자라게 하고 싶다면 격려하고 인정하고 안아 주어라.

자녀가 자신감이 없고 부모가 보기에 말소리가 작거나 뒤끝을 흐린다든지 학교에서 손도 제대로 못 들고 발표를 잘 못 하는 것은 물론이고 심지어 더듬거나 발음이 불명확하다면 자녀를 스피치 선생님이나 상담 센터에 보내기 전에 부모의 양육 태도를 돌아보아야 한다. 이것은 아이만의 문제가 아니기 때문이다. 부모의 양육 태도는 자녀의 자존감과 말하기 그리고 대인관계 기술 형성에 지대한 영향을 미친다. 사실 거의 전부라 해도 과언이 아니다.

부모가 자녀를 바라볼 때, '어디서 이런 애가 나왔을까?' 하며 부모의 마음에 안 들 수도 있다. 이런 상황은 기질의 차이로 인하여 서로의 행동 양식을 이해하지 못하는 데서 기인하며 부모의 부모로부터 양육받은 방식에 따라서도 다르다. 자녀의 타고난 기질 때문에 행동이 느리거나 신중해서 말하기 힘들 수도 있기 때문에 모든 것을 종합적으로 판단하고 대처해야지, 말소리를 크게 하거나 발표만 잘한다고 해서 해결될 문제가 아닌 것이다.

스피치 상담 중 가장 어린 5살 엄마와의 전화 상담 내용 중 일부이다.

"어떤 무문 때문에 상담을 원하시나요?"

"애가 너무 애처럼 말하고 발음이 분명하지 않아서 무슨 말을 하는지 모르겠어요."

"몇 살인데요?", "5살요.", "아, 네…. 정상이네요. 안 보내셔도 되고요…. 더 많이 안아 주시고 인정하고 지지해 주시면 자존감이 높아져서 말은 자연스럽게 잘하게 됩니다."

아이니까 아이처럼 말하는 건 당연한 거 아닌가.

이런 엄마는 나에게 거절당했어도 포기하지 않고 기어이 다른 스피치 학원에 보내거나 언어 치료 상담을 받거나 결국 놀이 치료 센터에 보낸다. 해결은 못 하고 아이를 바보로 만들어가는 것이다. 부모의 걱정 속에서 자란 아이는 그렇게 '어른 아이'가 되는 것이다.

상담 중 가장 많은 나이의 '아이'는 32세였다. 이 32세의 아이 엄마는 아들이 나이가 많은데도 아직까지 자기 앞가림도 못 하고 누구랑 말도 제대로 안 하려고 한다며 걱정스러운 모습으로 나에게 오셨다. 그분의 '아이'와 함께.

"우리 아이가…"

이 말은 부모가 성인 자녀를 대하는 과거와 현재 그리고 미래의 모든 것을 말해 준다. 부모가 자녀를 만든 것이다. 너무 강하게 키우려 하지 마라. 진실한 아이로 키워라. 너무 바른 사람으로 키우려 하지 마라. 밝은 아이로 키워라. 그렇지 못한 부모 밑에서 자란 성인 자녀는 말을 잘하고 대인관계가 원만하고 꿈과 희망을 가지고 자신감이 넘치며 진취적일 리 만무하다. 이런 이유로 나는 스피치 스킬과 상담을 브랜딩해서 코칭한다. 한의원에서 기력을 보강하는 약을 처방하고 병에 관한 처방을 하듯, 몸이 어느 정도 회복돼야 먹고 싶은 것도 생기는 것처럼 마음이 튼튼해야 무엇이든 할 수 있는 것이다.

자녀의 자존감과 말하기 능력은 부모가 결정한다.
자녀와 스피치 코칭에 관한 상담을 요청하는 부모 중에서 특히 안타까운 유형이 여럿 있는데 그중 첫 번째는 상담 시 자녀

말하지 않으면
귀신도 모른다

가 옆에 있는데 자녀의 단점을 시시콜콜 말하는 부모다.

"동생은 안 그러는데, 얘는 이상하게 말소리가 작아요.", "누나는 자기가 알아서 다 하니까 손이 안 가는데, 얘는 제시간에 제가 깨우지 않으면 일어나지도 않고 뭐 하나 혼자 제대로 못 해요."

이런 부모의 자녀가 말을 제대로 할 리가 만무하고 자신감이 있을 리가 없다. 처음 본 스피치 원장인 나에게도 이럴 정도니, 자녀에게는 어릴 적부터 오죽했으랴. 이러한 부모 밑에서 자란 자녀의 자존감이란 없다. '없다.'는 표현이 맞다.

말하기도 싫어하고 심지어 뭘 먹고 싶은지도 모르고 하고 싶은 것도 없을 것이다. 자녀가 셋이면 셋 모두 다르다. 그것을 인정하는 부모가 현명하다. 어릴 적부터 자녀를 지지하고 격려하고 그 자체를 인정해 주어라. 그러면 말하기는 저절로 된다.

두 번째는 기다리지 못하고 부모가 자녀 대신 말해 주는 유형의 부모이다. 자녀한테 "이름이 뭐예요?"라고 내가 물어보면 엄마가 대답한다. "좋아하는 음식이 뭐예요?"라고 자녀에게 물어보면 엄마는 기다리지 못하고 또 먼저 말해버린다. 그러면서 엄마가 말한다. "지금도 봐요…. 애가 자기주장이 없어요…. 애는 착한데. 뭘 물어봐도 시큰둥하고요." 자녀가 말할 때까지 기다리지 못하는 성급한 부모가 원죄다. 원래 느린 아이이거나 신중한 성격의 아이일 수도 있는데 기다려 주지 못하니 늘 성질 급한 엄마가 아이의 마이크 노릇을 했던 것이다. 아이는 성인이 되어서도 부모의 그늘에서 벗어나지 못하고 자신의 존재마저 희미해지는 것이다. 그러니 말 잘하기를 기대할 수 없다. 자기 생각을 키울 수 있는 기회가 전혀 없었으니 당연한 결과다.

세 번째는 믿지 못하고 늘 걱정만 하는 부모다.

4년 전에 전화 상담한 엄마에게 어제 다시 전화가 왔다. 전의 상담 내용도 자신감이 없다는 내용이었는데 어제도 같았다. 다른 곳에 보내 봤냐고 했더니 아니라고 하시며 "우리 아이를 보내면 아이가 잘할 수 있을까요?"만 연거푸 물으시며 푸념을 하고는 4년 전과 똑같은 걱정의 말을 하고 결국 오지 않았다. 걱정이 많은 것 자체는 나쁜 것이 아니다. 걱정하기에 더 안전하고 신중하게 결정하고 선택할 수도 있으니 말이다. 그런데 그 걱정이 자녀에게 미치면 이야기가 다르다. 자녀는 엄마의 걱정을 느끼며 늘 불안해하며 자신 또한 안정감이 없다. 걱정은 불안으로 인해 부정적인 단어를 양산하며 주위 사람을 쉽게 지치게 만든다. 부모가 건강해야 자녀가 건강하다.

말 잘하고 주도적인 어른으로 자라게 하고 싶다면 지지와 격려를 보내고 있는 그대로를 인정하며 안아 주면 그만인 것이다. 그러면 밝은 사람이 된다.

말하지 않으면
귀신도 모른다

문제는

문제 너머 마음에 집중하라. 문제는 문제가 아니다.

문제를 해결하는 방식은 문제를 대하는 자세에서 기인한다. 문제에 대한 인식의 기준에서부터 차이가 난다는 것이다. 사람은 저마다 문제를 있는 그대로 보고 개선해야 할 방법을 찾는지, 문제에만 집중하는지 또는 해결에만 집중하는지, 문제 이면에 있는 욕구를 발견하는지 등 여러 가지 형태로 문제를 대한다. 결론부터 말하자면 후자가 정답이다. 원인이 없는 상황이나 결과는 없다. 무엇이든 시작이 있고 계기가 있으며 동기와 이유가 있다. 행위, 그 너머의 욕구를 파악하지 못하면 오해가 생기고 상황이 이상하게 꼬이고 초점이 흐려지게 되며 "내가 왜 이러는지 알기나 해?", "알지도 못하면서 나한테 왜 그래?", "너는 매번 이런 식이더라."라는 대답을 듣기 일쑤다.

간단한 예로, 누군가가 당신에게 "당신이 잘못했으니 사과하시오."라고 말한다면 어떠하겠는가.

당신이 잘못한 일이 없다면 그렇게 말한 상대에게 내가 무엇을 잘못했냐고, 지금 누구더러 사과하라고 하는 거냐고 버럭 화를 낼 것이고 당신이 그래도 양심적이고 잘못한 걸 인지할 줄 아는 사람이라면 잘못을 인정하고 사과하면 그만이다. 상황 종료다.

이런 깔끔함은 서로에게 어떠한 앙금도 없을 때 가능하다. 서로의 마음이 다르고 존중받지 못한다고 생각하고 그것이 쌓여 있을 때는 모든 것이 오류로 인지된다. 사실 서로는 서로에게 좋은 사람이 되고 싶고 인정받고 싶은데 그러지 못하게 된 것이라 자신의 본심과 상관없이 상황이 꼬인다. 그 꼬인 상황이 자신이 원래 의도하는 상황과 다르게 전개되기에 더욱 속상한 것이다.

수능 문제를 풀더라도 출제자의 의도 파악을 해야 정확한 답을 도출해낼 수 있듯이 왜 상대방이 이러한 모습을 보이는지 원인 규명이 쉽다면 관계는 더욱 원활해질 것이다.

부모, 자녀 간에 일어날 법한 상황을 그려 본다면 대략 이런 것이다. 자녀가 배고프다고 조용히 말하면 될 것을, "배고파. 밥 줘!"라고 화나서 떼쓰듯 큰 소리로 말한다면 당신은 어떤 반응을 보일 것인가. 거반 "조용히 배고프다고 말하면 될 것을, 왜 큰 소리야!"라고 말하고 "큰 소리로 다음부터 화내면서 말하기만 해 봐!"라며 으름장을 놓거나 불만이 많은 듯 큰 소리로 말한 것만을 가지고 따지며 혼낼 것이다. 물론 부모에게 불손한 행동은 따끔하게 혼내야 한다. 하지만 문제 행동만을 가지고 자식과 의견을 나누면 해결의 실마리는 보이지 않는다. 원인을 알아내야 한다. 그러기 위해서는 자녀가 큰 소리로 화내며 말한 것에만 집중할 것이 아니라 큰소리가 아닌 상한 마음에 집중해야

말하지 않으면
귀신도 모른다

한다. 무엇 때문에 마음이 상했는지를 물어보아야 한다. 무엇 때문에 화가 났냐고 물어보는 것이 아니라 "무엇 때문에 마음이 상했니?", "무슨 속상한 일이 있었니?"라고 물어야 한다. 화를 낸 자녀는 누구보다 자신의 잘못을 알며 자신은 그러고 싶지 않다는 것도 인지하고 있다. 그러기에 화를 왜 내냐는 말은 자녀에게 죄책감을 주고 현 상황의 책임을 자녀에게 전가하는 것으로 화살을 날리는 것과 같기에 피하는 것이 현명하다.

사람은 사랑받고 싶어 한다. 이것은 인간의 보편적인 욕구이다. 그러하기에 공격적으로 말하거나 화를 낸 것에만 집중하면 자신은 그런 사람이 아니고 그럴 마음이 없었는데 자신의 생각과 다르게 부모가 오해해서 '못된 사람', '불편하게 한 사람'으로 인식되는 것에 대한 불편함을 느끼게 되고 자신은 '사랑받지 못하는 사람'이란 이미지로 비쳤다고 인식하게 된다. 그러면 문제 상황이 해결되기는커녕 서로 다시 상처를 받게 된다.

더 깊은 이해와 진정한 문제 해결을 원한다면 돌출된 문제나 행동만을 가지고 말하지 말고 사람과 마음에 집중하라. 이것이 전부다.

"우리 애가 요즘 공부를 안 하고 게임만 해서 핸드폰을 뺏었어요. 이러는 저도 속상하죠. 그런데 다른 방법이 없잖아요. 게임만 하면 언제 공부해요."

평소에 게임을 즐겨 하는 자녀가 있다. 부모는 이들이 숙제를 게을리하고 성적이 떨어지는 것을 스마트폰 게임에 빠져서라고 자연스럽게 연관 지어 생각하고 핸드폰을 압수한다. 아들은 분노하며 억울해한다. 게임하는 시간이 많고 공부하는 시간이 상대적으로 적다면 성적이 떨어질 확률이 낮은 것은 상식선에서는 사실이니 당연히 연관 지어 생각할 수 있겠으나 그 현상만으로 단정 지어 핸드폰을 압수하는 행위를 부모는 훈육이고 벌이라 생각하지만, 자녀는 억울하고 무력한 자신에 대해 자괴감이 들고 자신을 수치스럽게 여길 수도 있다. 스마트폰을 압수하는 것으로 문제를 해결하려는 접근 방식은 처음부터 잘못되었고 사태를 악화시킬 뿐이다. 무언가가 문제라 여겨질 때 문제만 보고 그것에만 집중하면 이 같은 사태가 발생한다.

부정적인 면보다 긍정적인 면에 집중하라. 매번 문제 행동만을 하는 것은 아닐 것이다.

예를 들어, 게임 시간을 정해 주었는데 시간을 지키고 게임을 그만했다든지, 잠깐 휴식을 취했을 수도 있고 책을 읽었을 수도 있을 것이다. 그때를 놓치지 말고 칭찬하라. 그러면 자녀는 내심 뜨끔하며 놀랄 것이다. '평소에 화만 내고 잔소리하던 엄마가 게임에 열중하다 잠깐 멈췄을 뿐인데 나에게 칭찬을 하다니.' 시간을 조금 지나서 멈추었어도 칭찬하며 이렇게 말하라. 이때 칭찬은 게임을 하지 않는 행위만이 아니라 그 마음을 이야기해야 한다.

"우리 ○○가 게임을 더 하고 싶었을 텐데 참고 약속을 지키려고 애쓴 모습이 고맙네. 우리 아들 대단한데." 그러면 아이는 자신의 작은 인내와 노력으로 부모에게 큰 기쁨을 주었다고 생각하고 자존감과 자기효능감이 상승한다. 이렇게 칭찬했다고 해서 바로 게임을 끊고 공부만 하는 자녀가 되지는 않는다. 그러나 점점 나아질 것이다. 자신이 누구에겐가 사랑받고 인정받고 나를 신뢰하는 사람이 존재한다는 것만으로도 자녀는 튼튼한 가슴을 가진 어른으로 성장한다. 부모는 재판관이 아니라 코치다. 마음을 헤아리고, 시선을 수정하고, 사람에 집중하라. 이것은 무모, 자녀뿐만 아니라 대인관계 및 어느 조직에서는 간과해선 안 될 주제이다. 원하는 방송을 들으려면 채널을 고정하라.

어른으로

진정 성장하길 바란다면 어른으로 대하라.

사람은 누군가가 자신의 존재 그대로를 인정하고 신뢰한다는 것을 느낄 때 안정감이 생기고 자존감이 자라며 모든 것에 대체로 긍정적이며 책임감이 강해지고 자신이 하는 일과 환경에 대헌 자부심이 생긴다. 가정이든, 직장이든 간에 자신이 속한 곳에서 인정받는다는 것은 그 자체로 기분 좋은 일이며 자신이 가치 있는 존재로 여겨지며 자신에 대한 이미지가 좋아지고 자존감이 상승하게 하는 일이다.

부모 상담 중 초등생 자녀를 둔 어머니에게 말했다. "자녀는 어마어마한 사랑과 인정을 받으며 자라야 합니다. 그러면 마음 안에 근육이 생겨서 넘어져도 다시 이겨내고 일어서는 '회복탄력성'이 강해져서 건강한 성인이 되는 밑거름이 될 것입니다. 서툴고 어머니 마음에 들지 않더라도 아이라서 그렇다고 생각하시고 조금이라도 하려고 애쓴 모습을 발견하면 크게 인정하고 지지해 주세요." 그러면 대부분 이렇게 말한다.

"저도 그렇게 해 주고 싶고 그렇게 하는 것이 옳은 방법이라고 생각해요. 그런데 애가 자기 할 일도 제대로 안 하고 게임만 하는데 인정해 주고 괜찮다고만 하면 너무 자유분방해지고 꾀나 부리지 않겠어요. 더 바라는 것도 아니고 요즘 애들 정도만 하면 좋겠는데 안 하고 안 되니까 계속 잔소리처럼 하게 되는 거죠. 저라고 그러고 싶겠어요? 다른 애들은 학원도 잘 다니고 자기 할 일 딱딱 한다는데, 제가 욕심이 많은 건가요? 다들 이 정도는 하지 않나요, 원장님?"

물론 그렇게 생각할 수 있다. 하지만 통제와 감시 그리고 찰진 잔소리로 사람이 변화되거나 자율적이고 책임감 있게 행동하게 되는 사례는 극히 드물며 대부분 눈치를 보게 하고 반감만 살 뿐이다.

사람을 움직이는 것은 이성이 아니라 마음인 경우가 더 많으며 누군가가 나를 믿어주고 인정해 준다고 생각될 때 비로소 제자리로 돌아가고 도약할 힘이 생긴다.

힘들겠지만 생각을 바꿔라. 부모도, 자녀도 다들 그렇지 않다. 당신의 자녀만 늦은 것도 아니고 게임과 TV 시청이 무조건 아이를 망치는 것도 아니다. 자녀가 원하지 않는 한 제발 훈육의 방법으로 TV를 없애거나 스마트폰을 뺏는 방법을 택하지 마라. 그러면 자녀는 공허감과 심한 자괴감 그리고 수치심에 빠지게 된다. 정말 아이를 망치는 것은 비아냥과 무관심을 동반한 언어폭력이다. 사람은 각기 다르다. 발달 단계에서 그 나이에 획득해야 할 기능과 인지의 정도는 있으나, 그것은 대략의 통계일 뿐, 누구는 빠를 수도 있고 어떤 아이는 늦을 수도 있듯 각기 다른 것이다. 자녀의 능력과 기질을 살펴서 양육해야 한다.

이렇듯 다른 것이다. 부모는 급한 기질이고 자녀가 느긋한 기질이면 부모의 조급증이 자녀를 버겁게 한다. 아이들을 더욱 힘들게 하는 것은 아이이면서도 어른이길 바라는 부모들이 자녀를 일관적으로 대하지 못하고 들쑥날쑥 훈육하는 것이다. 그런 부모 밑의 자녀들은 자신의 존재 의미를 찾지 못한다.

아이기 지리서 어른이 되어 모인 직장에서도 같은 상황이 연출된다. 개개인이 다름을 인정하기보다 조직의 일원으로서 대하며 원활한 직장 생활을 위하여 부하 직원을 감시하고 체크하고 창의적으로 일하라 하면서 일방적인 회의로 잡아두면 자신을 무가치하게 여기게 되며 눈치를 보고 아부의 기술만 늘어나는 무책임한 조직원으로 만들게 된다. 혼자 묵묵히 앉아서 일 처리를 하는 게 편하고 능률이 오르는 직원에게 서로 협업해서 팀을 꾸려 결과를 도출해 내라 하면 그 사람에게는 일이 힘든 게 아니라 관계가 버거워서 제대로 된 능력 발휘를 기대하기 힘들다. 활동적인 사람이 있는 반면에 천천히 하는 사람이 있고 변화를 싫어하지만 꾸준한 사람도 있는 것이다. 그리고 성과를 냈을 때 적절한 인센티브는 동기 부여로써는 그만이지만 성장시키지는 못한다. 인센티브를 주면 직원이 일을 잘하리라 생각하는 것은 2% 부족한 생각이다. 돈을 벌기 위해서 직장 생활을 하지만 상상조차 안 되는 연봉을 받는 대기업 임원이 자살하는 것을 보고 우리는 이해되지 않지만, 깨닫게 된다. 사람을 움직이게 하고 자부심까지 심어주는 돈보다 중요한 무언가가 분명히 있다.

여기에서 질문이 나올 수 있다.

"그러면 자녀나 부하 직원을 도대체 어디까지 믿어주고 인정해 주어야 하나요?"

"잘못된 것을 지적하고 개선하기 위함인데 그것조차 자녀나 부하 직원에게 독이 된다니 어쩌란 말인가요?"

잘못에 대한 지적과 훈육은 당연하다. 잘못한 일까지 덮어 주고 이해하라는 말이 아니다. 이렇게 질문하는 이유는 도대체 변화될 기미는 보이지 않고 매번 같은 소리를 반복하게 되니 서로 지친다는 것이다. 또한, 부모나 상사는 눈에는 뻔히 보이기 때문이다. 다년간의 삶의 경험으로 미루어 짐작하건대 이런 식으로 하다가는 이후에 어떤 일이 벌어질지 확연히 보이기 때문에 실수나 실패를 미연에 방지하고자 미리 말하고 체크하는 것이다.

이러한 이유로 나는 답한다. 그럼에도 불구하고 신뢰하고 있다는 신호를 보내어 계속 감지할 수 있도록 하고 작은 성취감을 맛볼 수 있도록 부모나 상사가 이를 제공하라는 것이다. 사람은 어마어마한 양의 지지와 인정 속에서 자라게 되면 굳이 확인하고 체크하지 않아도 나머지는 알아서 건강해진다.

자녀를 키우는 부모나 직장의 오너가 간과하는 것이 '책임감'과 '자부심'이다. 자녀건, 어른이건 자신이 주인의식을 가질 때 사람은 변화하고 눈망울이 또렷해지며 의욕에 불탄다. 반대로 감시받고 체크당한다는 생각이 들면 수동적으로 되고 자신을 무가치한 부속품처럼 여기게 된다. 이런 마음 상태에서 공부 잘하기를 기대하거나 일의 능률 또는 창의적인 업무 능력을 기대하기란 어불성설이다.

"어른으로 대하라."라는 말 안에는 '신뢰'와 '인정' 그리고 '책임'이 포함된다.

자녀나 부하 직원을 어른으로 대하는 데는 조건이 있다. 믿음과 기다림이 그것이다.

부모가 자녀에게 잔소리하는 이유는 그렇게라도 안 하면 안 하니까 걱정이 돼서 하는 것이라 하지만, 그 이면에는 실은 불안함이 있다. 상사가 부하를 체크하고 닦달하는 것도 신뢰가 없는 불안함이 작용한 것이다. 자율성을 획득하도록 도와주고 믿어 주며 책임을 주어 작은 성취감을 통해 기여한다고 느끼게 하라.

부모가 자녀를 믿어 주는 것만으로도 자녀의 자존감이 올라가고 상사가 부하 직원을 믿어 주면 조직이 활성화되고 능률이 오른다. 명료한 건 늘 어렵다. 그러니 반복하여 노력하라.

제발, 그만 자신을 의심해라

자신감이 과하면 교만해질 수 있지만, 겸손이 과하면 추하다.

〈마스터 셰프 USA 시즌 3〉 우승자인 크리스틴 하에게 아낌없는 찬사를 보내며 그를 더욱 빛나게 해 준 악당 고든 램지에게, 그는 나를 모르지만 감사의 마음을 전한다. 오디션이나 서바이벌 프로그램은 방송이니만큼 극적인 효과를 얻기 위해 무한한 노력을 하고 시청자는 잘 짜인 리액션을 통해 이를 소비하며 빠져든다.

나는 이런 억지스러운 프로그램을 즐겨 보지는 않지만, 가끔 눈물샘을 자극하는 장면에서는 리모컨을 멈추게 된다. 한 사람의 표정, 한 사람의 말, 한 사람의 사연, 그 한 사람을 통한 여러 사람의 감동 그리고 카타르시스 때문이다.

고든 램지는 요리사이면서 방송인이고 독설가로도 유명하다. 나는 그가 서바이벌 참가자 요리사들에게 소리를 지르고 비아냥거리며 발가락의 때만도 못하게 대하는 것을 예전부터 방송에서 볼 때마다 심기가 불편했다. 그런데 〈마스터 셰프 USA 시즌 3〉에서 시각 장애를 앓고 있는 크리스틴 하에게 보여 준 말과 사랑이 담겨있는 표정들은 한 사람을 넘어서서 그 장면을 접한 모든 이에게 희망과 감동 그리고 자신감을 불러일으키기에 충분했다.

최종 결승에 심사위원으로 나선 고든 램지와 파이 요리를 앞에 놓고 긴장하며 숨죽인 시각 장애를 앓고 있는 크리스틴 하의 대화다.

"파이는 어떨 것 같니?"

"쓰레기 같을 거예요."

"시각적으로 아주 훌륭해. 멋지게 바삭해 보이고, 가장자리는 어두운 갈색이야. 설탕이 제대로 녹아서 반죽을 반짝이게 하고 프랭크의 파이만큼 맛있어 보여. 그만 자신을 의심해. 더 용감해져야 해. 파이 밑을 봐도 반죽은 익은 것 같아. 이 소리 들려?"

"네, 셰프."

"어떤 소리 같아?"

"좋은 바삭한 소리네요."

"좋은 바삭한 소리지? 그러니까 더 이상 스스로에게 화내지 마, 알았지? 스스로를 조금 더 믿어야 해. 어디든 소리가 같아. 그리고 완전해. 맛은 환상적이야. 알았어? 아주 맛있다고. 축하해. 정말 잘했어."

고든 램지는 앞으로도 쭉 셰프들에게 악당일 것이다. 그도 예전에는 두렵고 소심했으며 겁이 많고 자신을 믿지 못했을 것이다. 그러나 끝내 이겨내서 우뚝 선 그는 내면에 흐르는 두려움을 넘어선 자신감에서 묻어 나온 사랑의 언어로 사람을 살리는 참으로 멋진 악당이다.

크리스틴은 얼마나 행복했을까.

그의 언어와 대화 실력은 완벽했고 감동을 주기에 충분했다. 자신을 비하하지 마라.

자신감이 과하면 교만해질 수 있지만, 겸손이 과하면 추하다. 고든 램지의 말들은 "쓰레기 같을 거예요."라는 크리스틴의 대답을 듣고 나서부터 시작되었다.

자신을 믿지 못하고 무엇을 할 수 있겠는가. 늘 부족하다고 하면 언제 채워지겠는가.

다음부터 하겠다고 하면 그다음이란 날은 도대체 언제란 말인가.

나이가 들어서 할 수 없다고 하는데, 그럼 당신이 젊었을 때는 도대체 언제였는가.

도전과 꿈을 잃어버리면 나이와 상관없이 이미 늙은이다. 지금이라도 한번 시작해 보라고 하면 어김없이 돌아오는 한마디.

"이제 와서 어떻게 해. 나이도 많고…."

도대체 나이는 언제부터 많다고 하는 것인가.

당신이 당신 입으로 "할 수 없어."라고 말하는 순간 모든 것은 어려운 것이 되고, 시작하고 믿고 도전하는 순간부터 모든 것은 가능하고 쉬워진다.

용기가 없고, 자신을 믿지 못하고 비하하며, 학력이 짧다고, 나이가 많다고, 돈이 없다고 포기하며 살아가기엔 우리의 인생이 너무 길다.

모든 것과 모든 일에 감사하고 믿고 기도하고 희망을 가지고 미래를 맡겨라.

"그러니까 더 이상 스스로에게 화내지 마, 알았지!"

절망은 자신만의 몫인가

절망을 인정하라 한 이가 누구인가.

WWE 전 챔피언 CM 펑크가 WWE를 탈퇴한 뒤 바로 UFC 종합격투기에 가입하고 데뷔전에서 호된 신고식을 치렀다. CM 펑크는 한국 시각으로 11일 미국 오하이오주 클리블랜드 퀵 큰 론즈 아레나에서 열린 UFC 203에서 미국 선수 미키 갈에게 1라운드 2분 45초 만에 서브미션 패했다. WWE에서의 그의 명성은 찾아볼 수 없었고 전혀 다른 룰과 스킬에 맥없이 주저앉고 말았다. 사람들은 그가 졌다고 말했고 실패했다고 말했으며 별

수 없다고 말했다. 앞으로 힘들 거라 생각했을 것이다.

그러나 경기에 패한 뒤 옥타곤 위에서 그의 인터뷰는 우리에게 감동을 주기에 충분했다.

그는 "오늘 나의 도전은 실패로 끝났지만, 이것이 포기를 의미하진 않는다. 멈추지 않겠다. 다시 돌아오겠다."라며 "주변에서 할 수 없다고 하는 부정적인 목소리엔 귀를 기울이지 말고 스스로를 믿길 바란다."라라고 말했다.

이어서 "패배자가 이런 말을 하는 게 우스울 수 있지만, 이것을 꼭 강조하고 싶다."라면서 "진짜 패배는 무언가를 시도해서 패배하는 것이 아니라 아무것도 시도하지 않는 것."이라고 덧붙였다.

CM 펑크는 몸뿐만 아니라 마음도 건강한 사람이다.

그는 자기 말대로 분명히 현실을 인정하고 미래를 향해 도전할 것이고 그렇지 못하더라도 이 한마디로 자신뿐 아니라 많은 이를 절망에서 일어서게 하고 감동을 주기에 충분했다.

이 세상에는 마음이 건강하여 누군가에게 영향을 주는 사람보다 자신의 마음 하나 세우지 못하는 사람이 더 많을 것이다. 이것은 결코 그만의 문제가 아닐 수도 있다. 구조적인 절망, 그냥 그렇게 살 수밖에 없다고 믿어 버리게 만드는 고정된 의식들. 그는 당연히 그 구조를 거부하고 싶지만, 허우적거릴수록 더 깊이 빠져드는 늪저럼 그렇게 아무것도 못 하고 사리져 갈 수도 있다. 가끔의 세상은 그들의 손을 잡아서 일으켜 주기는커녕 더욱 절망으로 내몰며 그곳에서 나오는 것은 너의 몫이라 하며 방관하고 실패자라 말한다.

절망을 이겨내는 것은 꼭 자신만의 몫인가? 주변을 늪으로 만들어놓고 절망을 인정하라 한 이가 누구인가! 우리는 그들에게 절망에서 일어나는 법을 보여 주어야 하며 따뜻한 시선으로 그들에게 손을 내밀어야 한다.

이것이 더불어 살아가는 우리들의 몫이다. 이도 저도 아니라면 일어설 기회조차 뺏는 짓은 하지 말아야 한다.

자신이 어느 학교를 지원했는지도 관심 없는 학생이 있었다. 그의 어머니를 통해 만나게 된 특목고 면접을 위해 코칭해 주어야 할 중학교 3학년 남학생이었다.

그 아이는 나에게 절망이라는 단어를 떠올리게 했다. 바라볼 것이 없게 되어 모든 희망을 끊어 버린 그런 상태. 절망에 빠져 그냥 거기 머물러있는 한 남자아이를 보았다. 그의 눈은 초점이 없었고 처음부터 끝까지 손을 턱에 가져다 대고 힐끔거리듯 나를 보며 잘 들리지도 않는 소리로 대답하곤 했다.

꿈도 없고, 하고 싶은 것도 없고, 좋아하는 것도 없고, 할 수 있는 것도 없고, 공부도 못하니 뭘 할 수 있겠냐며 자신의 한계를 이미 정해버린 후였다. 그 아이가 그렇게 말하고 행동하는 원인을 알고 난 나는 암담하고 안타까웠다.

고작… 그렇다. 고작 학원 시험 따위에 떨어졌다는 이유였다. 고작. 또한, 시험을 치러 학생을 받거나 받지 않은 어쭙잖은 학원 따위도 이해할 수 없었다.

"왜 너는 아무것도 할 수 없을 거라고 생각해?"

"공부를 못하니까요."

"무슨 말이야…"

"학원에 다니다 안 다녔는데 저도 공부란 거 하고 싶어서 학원에 가려니까 그 학원에서 시험을 보라고 하더라고요…. 근데 시험을 봤는데 떨어졌어요…. 그래서 그 뒤로 공부를 더 안 했어요."

"그럼 학원에 못 가는 거야?"

"네…."

"아니, 공부 못하니까 공부하겠다는데 왜 못 오게 해?"

"자기네 학원 수준이랑 안 맞나 보죠."

"그래? 그럼 다른 학원에 가면 되지! 과외를 하거나."

"공부 못하니까 그냥 포기했어요."

나는 무슨 말이야… 공부를 잘하고, 못하고는 중요하지 않아. 하고 싶으면 열심히 하면 되지… 너의 의지가 중요한 거야… 너 스스로 너를 절망으로 몰아넣지 마."라고 말했지만, 점점 말 끝이 흐려졌다.

내 잘못은 아니었지만, 아이에게 미안하고 안쓰러웠다. 보통은 당연히 이렇게 생각할 것이다. 다시 도전하지 않고 절망하고 있는 아이의 문제라고. 그 정도로 절망이라니… 그러나 아이에게만 책임을 돌리기엔 마음이 비겁해지고 무겁다. 공부 못하니까 오지 못하게 한 학원. 그 학원의 수준이나 방침이 있겠으나 내가 안타까운 것은 따스함의 부재이다. 실존 철학에서 해석하는 '절망'이란 '인간이 극한 상황에 직면하여 자기의 유한성과 허무성을 깨달았을 때의 정신 상태.'를 말한다 했다.

이제 중학교 3학년밖에 되지 않은 이 아이는 그 파릇한 인생에서 이미 절망을 경험했다. 물론 그 아이의 자존감이 낮고 도전 의식이 부족하며 그것 하나 통과하지 못했다고 낙심하고 절망하다니 한심하기 그지없다. 하지만 그것은 아이만의 문제가 아니다.

가능성과 기회를 제대로 제공하지 못하고 스스로 일어나는 자가 진정한 성공자라고 힘겨운 의식을 주입한 우리들의 문제인 것이다.

우리가 살아가는 사회가 한 사람이 자기 뜻을 펴며 희망을 가지고 날개를 제대로 펼 수 있는 기회를 주지 못한다면 건강한 사회가 아니다. 절망이 한 사람의 몫이 아닌 사회, 누구도 다른 이에게 절망을 주지 않는 사회. 이런 세상은 절대 이루어지지 않을 세상이라 생각되지만, 그래도 우리는 노력해야 한다.

그 방법은 간단하지만 쉽지는 않다. 그러나 그 길로 가야 한다. 서로를 귀하게 여기고 돌아보아 따스한 시선으로 필요를 채워주고 보살피는 것. 그래서 그들이 절망을 걷어내고 희망을 가지고 현실에 감사하며 미래로 향하는 것. 그러함으로써 CM 핑크 같은 건강한 패배자가 많이 나오도록 하는 것. 이것이 나와 우리가 세상을 더 멋지게 살아가는 이유가 되기를 나는 오늘도 바란다.

내 맘 같지 않을 때

네가 먼저 좋은 친구가 되어라.

"나는 수혁이 그 애가 너무 싫어."

"왜? 전에는 잘 놀더니…."

"걔는 내가 말을 하면 반응을 잘 못 해. 아니, 안 해!"

잠자려고 침대에 누운 아들은 무엇이 생각났는지 갑자기 씩씩 거리며 마음에 안 드는 친구 이야기를 꺼냈다. 전에는 함께 잘 지내던 친구였는데 그건 옛날얘기고, 이제는 싫단다.

이유인즉슨 반응을 잘 안 한다는 것. 한마디로 수혁이라는 친구가 자신의 의견이나 말에 시큰둥하거나 흐릿한 리액션이 불만인 것이다.

바로 반응해 주지 않는 친구 녀석의 한 부분이 싫어지니까 다른 것 모두가 싫어지는 것이다.

한마디로 그 아이는 나쁜 아이이거나 몰상식한 애가 아니고 대인관계 기술이 서툰 것이고 현서는 그 아이의 그런 모습이 자신을 무시하는 행동이라 오해했을 수도 있고 자신이 상처받기 싫어서 먼저 밀어내는 행동의 표현일 수도 있다.

그도 그럴 것이, 나와 아내는 아들 현서가 어릴 적부터 말하거나 행동을 하면 즉시 봐주고 맞장구쳐 주고 안아 주거나 대꾸를 해 주었기 때문에 감성 표현이 풍부하고 이런 부분이 당연한 것이 된 것이다. 아직 경험도 적고 상대를 이해하는 부분이 서툴러서 자기 생각과 다르게 상대방이 행동하면 이해를 못 하고 자기 생각대로 오해하는 것이다. 이런 점은 아이나, 어른이나 다를 바 없다. 나는 침대 옆에 앉아서 이불을 덮고 누워있는 현서의 손을 잡고 말했다.

"수혁이가 현서 말에 반응도 잘 안 해 주고 시큰둥하니까 수혁이의 모든 게 다 싫은가 보구나…. 그런데 현서야…. 너는 아빠, 엄마가 네가 무슨 말을 하든지 들어 주고 마음도 알아주잖아…. 그래서 너는 그런 모습이 너무나 당연한 거고…. 그런데 이 세상 모든 사람이 모두 그런 환경에서 살거나 똑같은 경험과 생각을 하는 선 아니야. 사랑과 칭찬 그리고 인정을 세대로 못 빋고 자란 사람은 어떻게 상대를 칭찬하거나 반응해야 하는지를 모를 수도 있어. 이해가 잘 안 되겠지만, 진짜로 몰라서 못 하는 사람들이 많아…. 아빠가 강의도 하고 상담 그리고 스피치 코칭을 하면서 여러 사람을 만나보니까 더 알겠더라고…. 그래서 현서 마음도 아빠는 잘 알겠어…. 하나가 싫으면 다른 것까지 다 싫어지거든…. 아빠는 현서가 좋은 친구를 찾는 사람이 아니라 좋은 친구가 되어 주는 사람이었으면 좋겠어. 네가 먼저 좋은 친구가 되어 주면 되잖아. 현서는 받은 게 많으니까 나누어 주는 거지…. 그릇에 물이 가득 차고 흘러넘치듯 그 넘치는 물이 다른 친구의 빈 그릇을 채워 주는 물이 되면 좋지 않겠어, 그렇지?

먼저 상대의 모습 그대로를 인정해 주고, 부족한 부분이 있으년 채워 수고 맞추어 가는 사람이 되는 거야…. 어때?"

내 말에 눈을 껌벅거리며 듣던 현서가 말했다.

"그럼 난 행복 전도사, 희망 전도사네?"

마음 알아주기

마음을 알아주는 것은 상대를 온전히 인정한다는 것이다.

"솔직히 라면이랑 삼각 김밥 먹고 싶은데."

학원에 가기 전에 시장기가 도는지, 학교 앞에서 갑자기 만난 아들은 아빠의 눈치를 보며 입을 열었다.

아빠는 흔쾌히 말했다.

"그래! 역시 라면엔 삼각 김밥이지!"

라면에 삼각 김밥을 먹으며 아들은 마냥 좋은지 히죽거리며 웃는다.

"아빠가 못 먹게 할 줄 알았는데, 먹으라고 하니까 좋아?"

"응. 좋아!"

몸에 좋은 음식을 먹는다고 건강이 좋아지고, 좋지 않은 음식을 먹는다고 해서 건강이 나빠지는 것이 아니다. 자신의 마음을 알아주는 누군가가 있을 때 아이는 건강하게 자라고 몸과 마음이 튼튼해진다.

못 하게 하기 전에 마음을 알아주어라.

몸에 안 좋다고 라면 먹지 못하게 하지 마라!

부모가 보지 않는 어디선가 먹을 것이다.

게임 못 하게 하지 마라!

부모가 보지 않는 어디선가 하고 있을 것이다.

내 자식은 그렇지 않을 거라고 생각하는 건 착각이다. 내가 그랬듯이 자식도 그럴 것이다.

진정 건강한 어른으로 자라게 하고 싶다면 자녀의 마음을 온전히 알아주고, 끝까지 기도하며, 마음껏 축복해 주어라!

알아주기

사람을 상대하는 모든 직업은 서비스직이다.

당신은 사람을 상대하는 일을 하고 있는가.

사람을 상대한다는 사실만으로도 당신이 의사이건, 회사원이건, 경비원이건, 드라이버건 상관없이 당신의 직업군은 서비스직이다. 직업은 자신이 하는 일의 종류로 구분하지만, 그 일을 수행할 때 사람과의 관계가 연계된다면 그 즉시 당신은 친절이 생명인 서비스직에 종사하는 사람이 되는 것이다.

당신이 주로 이용하는 세탁소는 어디인가.

당신이 주로 이용하는 마트는 어디인가.

당신이 주로 이용하는 식당은 어디인가.

왜 당신은 많고 많은 세탁소와 마트와 식당 중에서 왜 굳이 그곳을 이용하는가.

이유에는 거리, 가성비, 맛, 다양한 물건 등 여러 가지가 있겠으나 나의 선택 기준은 무엇보다도 '느낌'이다. 그 매장 전체에서 풍기는 느낌, 그곳의 점원이나 사장이 나를 대하는 자세 등이 그것이다. 다시 말해서 '친절'과 약간 비슷하나, 느낌이 다른 '마음을 알아주는 센스'가 있느냐, 없느냐에 따라 그곳을 생각하는 나의 평가는 극명하게 차이가 난다. 이 글의 마지막에서도 언급하겠지만, 사람만이 아닌 매장, 기업, 나라에서조차 느껴지고 완성되는 것, 바로 '성품'이 그것이다.

조금 까탈스럽게 보일 수는 있겠으나 나는 성품이 사람과의 관계는 물론이고, 모든 선택의 기준이 된다.

인터넷에서 사고자 하는 노트북의 가격을 보고 가전제품 판매장에 갔다고 치자. A 매장은 알아본 가격보다 조금 쌌지만, 살려면 사고 말려면 말라는 식으로 직원이 불친절했고 B 매장은 인터넷보다 가격이 약간 비쌌지만, 직원이 친절하고 느낌도 좋았다면 당신은 어느 곳에서 사겠는가.

물론 이성이 더 발달한 사람은 '직원이야 한 번 보고 말 사람인데 몇만 원이 어디야? 가격이 중요하지, 기분 좀 나쁘면 어때?' 하면서 A 매장에서 구매하겠지만, 나는 둘 중에만 선택하라고 (사실 더 둘러본다고 하고 나오겠지만) 하면 무조건 B 매장을 선택한다. 스타벅스에서 커피를 마시고 명품백을 구입하는 깃은 그 브랜드 안에 있는 가치까지 구매하는 것이다. 같은 맥락에서 동네 마트에서 라면을 하나 사더라도 주위에 여러 마트 중 한 곳만을 가는 이유는 점원이 친절하거나 마트의 분위기가 좋아서이다. 아무리 가격이 저렴하고 매장이 깔끔해도 내가 직접 대하는 계산대의 점원이 불친절하다면 그 마트와는 안녕이다.

아무리 유능한 명의라 하더라도 환자의 마음을 읽어주지 못한다면 미안하지만, 명의가 아니다.

명의라는 말 안에는 뛰어난 의술과 함께 좋은 성품이 포함되어 있으며 인간을 긍휼히 여기고 사랑하는 마음이 있어야 명의다.

매년 '우리나라에서 존경받는 1위 병원'이라며 현수막을 내거는 대형병원에 갔다. 안내 데스크에 있는 남자 직원에게 물었다.

"이곳에서 근무하는 직원에게 작은 물건을 전해줘야 하는데, 맡아 줄 수 있을까요?" 그 직원은 내 질문이 채 끝나기도 전에 나를 위아래로 기분 나쁘게 훑어보더니 말했다.

"저희는 물건을 맡아놓지 않습니다."

나는 사정을 다시 설명했고 그가 말했다.

"직접 건네주시는 방법밖에 없습니다."

나는 규칙이라는 생각도 들었지만 제대로 설명도 안 해 주고 다짜고짜 안 된다고 하는 그의 태도에 기분이 상했다. 그때 그는 내 눈을 똑바로 보고 더 큰 목소리로 다시 말했다. "저. 희. 는. 물. 건. 맡. 아. 놓. 지. 않. 습. 니. 다."

나는 욕이 턱 밑까지 차올라서 튀어나오려는 걸 참고 바로 돌아섰다. 생각할수록 분하고 어처구니가 없었다. 존경받는 병원 1위나 대형병원 이런 거 다 빼고서라도 인포메이션 데스크에서 업무를 보는 직원의 태도라고는 상상이 가지 않는 무례함이었다. 이번만이 아니었다. 전에 구내 전화번호를 물어봤던 여직원도 얼굴에 웃음기라고는 찾아볼 수 없고 차갑디차가운 똑같은 태도였다. 로봇을 갖다 놓는 편이 나을 것이다. 도대체 직원 교육은 어떻게 하는 것인지. 컴플레인을 하러 간 것도 아니고 도저히 말이 안 되는 태도라니.

가족 중 한 사람이 직원이라 어쩔 수 없이 보겠지만, 그 한 사람으로 인해 최소한 나에게 그 병원은 무례하고 밥맛없는 병원이 되었다. 그 직원이 나를 대하기 직전에 화나는 일이 있었는지는 몰라도 최소한 어떤 이유에서 그런 것인지 말해주거나 물건을 맡아줄 수 없는 것이 규칙임을 조금이라도 부드러운 어조로 말했다면 충분히 이해하며 돌아섰을 것이다.

예전에 제과점을 운영했던 때가 있었다. 나는 자주 오는 손님들의 이름은 모르더라도 그 손님이 자주 사 가는 빵은 기억하고 있었다. 어느 날 한 손님이 계산할 때 말을 건넸다.

"오늘은 밤빵 안 사셨네요." 나의 그 말에 그 손님은 깜짝 놀라며 "제가 밤빵 자주 사 가는 거 어떻게 아셨어요? 우리 아들이 좋아하는데 며칠 전에 군대 갔거든요." 이후로 그 손님은 더 자주 빵을 사러 오셨고 집안 이야기를 나눌 정도로 친근한 사이가 되었다. 가끔 자신을 알아보는 걸 부담스러워하는 사람도 있었으나 대부분은 알아주면 금세 가까워지고 기분이 좋아졌다. 오늘 동네 마트에 갔는데 계산하시는 분이 이렇게 말씀하셨다.

"양재규 님 포인트 전화번호 뒷자리요."라고 하셔서 나는 무심결에 전화번호를 말하고 나서 놀라며 물었다. "근데 제 이름을 어떻게 아세요?" 그러자 그분이 말씀하시길, "자주 오시니 당연히 이름을 알죠." 포인트를 적립할 때 이름을 보니 그럴 수도 있겠다 싶었지만 "그래도 대단하시네요."라고 하며 집으로 오는 길에 생각했다. 며칠 전에 그분의 헤어스타일이 바뀌어서 "헤이 새로 하셨네요. 어울리세요."라고 말을 건넸을 때 내 이름을 기억하지 않았나 생각되었다. 이유야 어찌 되었든 나를 알아봐 준다는 것은 기분 좋은 일이다. 사람은 자기를, 자신의 마음을 알아줄 때 에너지가 샘솟는다. 모든 직업이 서비스직인 이유가 바로 이것이다. 부서 안의 동료건, 외부 사람이건 일을 하면서 사람을 만나지 않을 수는 없다.

만나는 사람마다 마음을 알아주지는 못하더라도, 기분을 상승시켜 주지는 못하더라도 당신 앞에 서서 도움을 요청하거나 물어보는 사람의 마음을 무참하게 만들지는 말아야 하는 것이다.

누전 차단기가 내려간다거나 배관에서 물이 새면 전기기사나 집수리 기사를 불러야 하는데 그럴 때마다 부르면 금방 와줄까를 고객이 걱정해야 한다.

물론 이런 업에 종사하시는 분들이 모두 그런 것은 아니지만, 부르면 즉시 와서 고쳐 주시는 분에게는 경외감과 함께 그가 부르는 액수는 물어보지도 않고 건넨다.

그 사람의 서비스 정신의 바탕이 된 성품에 돈을 지불한 것이기에 혹여 비싸더라도 마음이 편하다. 서비스 정신은 좋은 성품의 발현이며 그 성품 안에는 믿음직스럽고 성실한 '신실함'이 바탕이 되어야 한다. 서비스의 본질은 성품이며 사람을 대하는 자세가 그 사람의 성품이다.

말하지 않으면
귀신도 모른다

성품이 바르지 않다면 사람을 대하는 일은 멀리하는 것이 서로에게 좋다.

품성이 먼저다

무엇을 하려거든 먼저 자신을 돌아보아라.

'품성'이 먼저다.

이런저런 말할 것 없이 품성이 먼저다.

'품성'은 그 자체만으로도 한 사람의 인생이 되며 관계에 있어서는 그 사람에게서 뿜어져 나오는 기운이고 그로 인하여 사람을 살리기도 하고 죽이기도 하는 파괴력이 강한 도구이다.

윗사람이건, 아랫사람이건 직업에서라기보다 우리는 누구나 어떤 위치에 있다. 한마디로 '인간관계'를 말하는 것이다. 관계 속에서의 품성.

산속에서 혼자 살면 상관할 바가 아니지만, 자신의 몸짓, 표정, 말투, 품성 하나하나가 다른 이들에게 영향을 끼친다. 다른 이들의 눈치를 보며 살라는 말이 아니라 서로를 인정하며 자신을 놓아보고 영향력의 가치를 올리자는 말이다.

여러분은 공부를 잘해서 검사, 판사, 변호사가 되었을 것이다.

열심히 계획하고 실패도 딛고 일어서서 사업가가 되었을 것이다.

힘든 시간들을 지나서 목사가 되었을 것이다.

바닥부터 올라와 이제는 내로라하는 강사가 되었을 것이다.

시간이 지나서 선임이 되었건, 노력을 해서 올라갔건 어찌어찌 해서 그 위치에 있을 것이다. 그래서 당신이 불특정 다수 앞에서 말을 하거나 사람을 만나는 일이 빈번해진다면 더욱더 품성을 가꾸어라.

품성이 좋지 않을 것 같은 강사의 말은 귀에 와닿지 않는다. 매일의 삶이 흐트러진 리더의 말에는 힘이 없다. 자신의 말은 옳고 다른 이를 매번 가르치려 드는 사람의 말은 사랑이 없다. 따스함이 눈곱만큼도 없는 사람은 제발 아무것도 하지 말고 가만히 있어라. 제발 가만히 있으라.

당신의 피폐한 인격으로 더 이상 사랑으로 당신을 바라보는 그들을 난도질하지 마라.

나는 사람과 말을 섞어 보지 않아도 직감적으로 상대의 품성이 느껴진다. 품성이 좋지 않다고 느껴지는 사람이 말하면 마음이 답답하고 치밀어 오른다. 불편하다. 탈출하고 싶고 그 시간이 너무 아깝다.

사람은 물론 완벽하지 않다. 나는 고고한 인격을 지닌 완벽을 말하는 것이 아니라 지극히 '인간다움'을 원하는 것이다. 인간다움. 인간의 불완전함을 깨달은 사람은 따스하다. 상대를 인정하며 의지가 분명하며 표정은 밝다.

"성격대로 예수를 믿는다."라는 말이 있듯이, 품성은 신앙을 가졌다거나 많이 배웠다고 해서 순식간에 바뀌는 것이 아니라 오랜 깨달음과 낮아짐을 통해서 단련되는 것이다.

또한 그렇게 살아가는 사람, 그렇게 살려고 애쓰며 노력하는 사람의 품성은 맑다.

그런 사람의 말에는 울림이 있다.

품성이 좋은 사람과 함께 있으면 평안하고 괜히 좋고 닮고 싶어진다.

공부를 잘하는 수재보다 따스함이 묻어나는 둔재가 낫다. 좋은 품성을 가진 한 사람이 세상을 살린다. 누군가 말했다. "좋은 친구를 사귀기보다 네가 좋은 친구가 돼라." 관점이 다른 멋진 생각이다.

좋은 친구, 좋은 아빠, 좋은 남편, 좋은 상사.

함께하는 이들에게 말하거나 굳이 다가가지 않더라도 이미 그들은 당신에게 영향을 받고 있다.

선한 영향력

그리 아니하실지라도 우리는 그렇게 살아야 한다.

차를 운전하며 집으로 가는 길.

집 근처 마트를 끼고 좁은 일방통행로로 들어설 즈음 미처 내 차를 발견하지 못했는지 마트의 배달 차량이 급하게 내 차의 옆면을 향해 돌진했다. 나는 재빠르게 핸들을 왼쪽으로 틀어 접촉 사고를 모면하려 했지만 나는 앞으로 가고 배달 차량은 후진을 해서 급하게 멈추어서 내 차의 옆면이 배달 차 뒤의 범퍼를 쓱 스치고 지나갔다.

마트 직원은 당황해하며 "아이고… 너무 죄송합니다. 교회에서 행사가 있다며 어찌나 배달 요청을 급하게 서두르는지… 그 바람에 제가 정신이 없었네요. 죄송합니다." 연신 죄송하다며 고개를 조아렸고 나는 순간 화가 났지만, 다행히 범퍼에 까맣게

긁힌 자국 외에는 찌그러지지 않아서 이내 마음을 가라앉혔다. 그러고는 어떤 연유에선지 마음에 한마디의 울림이 있었다.

'나는 크리스천이다. 나는 그리스도인이다.'

마트 직원은 자신의 차에서 차량 흠집 제거제를 가지고 와서는 열심히 범퍼 자국을 지웠다. 다행히 말끔하게 지워졌지만, 문짝 끝이 조금 파여서 순간 갈등하고 있을 때 마트 직원이 말했다.

"사장님, 어떻게 할까요?"

'공업사에 맡기고 보험 처리하라고 할까… 아니면 그 부분만 붓으로 칠하고 괜찮다고 할까?' 고민되었다.

그리고 잠시 생각했다.

'주님은 내가 어떻게 하기를 원하실까?' 사소한 일이다. 그냥 보험 처리하라고 하고 공업사에 맡겨도 나는 당연하게 일 처리를 한 거다. 나에게는 아무런 잘못도 없고 저 사람은 마땅히 나에게 배상해야 하니까 말이다.

잠시랄 것도 없이 웃으며 그에게 말했다.

"크게 찌그러지지 않아서 다행입니다… 서로 오늘 감사할 일이 생겼네요, 내일 붓으로 살짝 찍어주세요. 마트에서 자주 뵐 텐데 서로 웃는 낯으로 뵈어야죠."

마트 직원은 연신 고개를 숙이며 감사를 표했다.

"저희 마트 이용하시죠? 제가 포인트 넣어 드릴게요. 이이 괴자라도 사 주세요."

비록 접촉사고가 났지만, 내가 괜히 마음 넓은 사람이 된 것 같아서 마음이 가벼웠다. 차보다 사람이 귀하고 주님이 귀하다.

나는 매일 그곳을 지날 것이고 성경책을 들고 지나기도 할 것이며 언젠가 그 마트 직원은 내가 교회에 다니는 사람이란 걸 알게 될 것이다.

내가 그 사람에게 철저하게 1원 하나 손해 보지 않으려고 악착같이 굴었다면 정확하게 일 처리는 했을지는 몰라도 야박한 사람으로 인식되었을 것이다. 또한 그런 사람이 교회에 다니는 크리스천이라는 걸 안다면 그 사람은 나와의 경험을 통해 크리스천들을 싸잡아서 욕할 것이고 교회에 나오지 않는다면 예수님을 믿게 하기는 더욱 힘들 것이다.

나 한 사람의 삶이 흔적이 되어 누구에겐가 영향을 끼친다. 선한 영향력을 끼친다면 더할 나위 없으나 나로 인해 한 사람이 불행해지고 마음 아파한다면 커다란 죄를 짓는 것이다.

내가 선한 마음으로 사람을 대할 때 무엇이 나에게 돌아오기를 생각지 말라. 또한, 주님이 우리에게 후하게 상을 주실 거라는 기대도 하지 마라.

그리 아니하실지라도 선한 마음으로 사람을 사랑으로 대하고 이 세상에서 살아가는 동안 한 사람의 인생이라도 행복감에 젖도록 해 주고 떠나라.

이 사명을 우리가 감당해야 한다.

크리스천이건, 아니건 간에 〈개그 콘서트〉와 요즘 광고에서 유행하는 말로 '인간이라면… 인간적으로' 그래야 한다.

온 삶을 통해서 선한 영향력을 끼치며 살아가야 마땅하다. 그러한 삶이 당신의 인생을 풍요롭게 할 것이다. 그 삶을 주님은 원하실 것이다.

그리하여 삶을 통해서 나타나는 선한 영향력을 경험하라.

아프냐. 나도 아프다

사람을 살리는 힐링 스피치.

"난 우리 별의 웃음을 빼앗아 가는 모든 것과 맞서 싸우겠어. 그래서 지금 우리 별을 침략한 우주 해적단에게서 포클 별을 구하고 말 테야."

"아론…. 너는 진정한 영웅이구나."

아들 현서와 함께 본 〈도라에몽 극장판-진구의 우주 여행기〉에서 히어로즈가 된 진구와 포클 별의 보안관 아론과의 대화다. 〈도라에몽 극장판-진구의 우주 여행기〉는 영화 속에서 우주 최강의 히어로가 되고 싶은 진구와 도라에몽 그리고 친구들이 버거 감독의 도움을 받아 영화 속 주인공인 '미라클 은하 방위대'가 되는데, 실사 영화 촬영을 시도하던 중 우주 해적단을 피해 지구에 갑자기 등장한 포클 별의 보안관 외계인 아론이 도라에몽과 친구들을 진짜 히어로즈로 착각하고 도움을 청한 뒤 우주 해적에게서 포클 별을 구해줄 히어로가 되어버린 진구 일행의 모험기를 다룬 내용이다.

> "우리 별의 웃음을 빼앗아 가는 모든 것과 맞서 싸
> 우겠어."

아론의 대사는 내 마음에 울림을 주었다. 그렇다. 진정 맞서 싸워야 하는 것은 나와 가족에게서 웃음을 빼앗아 가는 모든 것이 되어야 한다. 사진을 찍을 때 "김치." 하면 웃음을 입꼬리를 올리듯, 우리에게 웃음을 머금게 하는 무언가는 진정 무엇인가.

그것은 '알아줌'이다. 내 마음을 누군가가 알아줄 때 행복하고 존재감이 느껴지며 얼굴과 마음에 웃음을 머금게 되듯이 다른 이도 그렇다. 예전에 드라마 〈다모〉에서 그 유명한 극 중 황보

윤(이서진)의 명대사 "아프냐… 나도 아프다."가 우리의 심금을 울린 이유는 상대의 마음을 알아주는 것을 넘어서 공감각적으로 상대의 아픔을 자신의 아픔처럼 온몸과 마음으로 느끼고 위로를 넘어선 사랑이 담긴 대사이기 때문이다.

일행과 함께 속초에 있는데 서울에 있는 아들 현서에게서 전화가 왔다.

"아빠, 어디야? 어디 있어?"
"어. 아빠 좀 멀리 있는네, 왜?"
"그래? 아쉽네."
"왜 그러는데. 아빠가 데리러 갔으면 해서?"
"응…. 학교에서 사물함에 있는 거 다 가져오는데 너무 무거워서."
"그래? 무겁겠다. 아빠가 못 데리러 가서 미안하네."
"어쩔 수 없지, 뭐. 알겠어. 끊을게."
현서와 통화를 마친 뒤 "그래? 아쉽네."라는 말이 맴돌아서 그런지 알싸한 먹먹함과 대견함에 미소가 머금어졌다. 현서가 집에 도착했을 즈음에 전화를 걸었다. 할머니가 전화를 받았다.
"현서 왔어요?"
"응. 가방이 얼마나 무거운지, 땀을 뻘뻘 흘리고 왔어."

연서 솜 바꿔줘 봐요."

"현서야. 가방 많이 무거워서 힘들었지? 우리 현서 대단하네. 현서가 가방 무겁다고 아빠한테 전화도 하고 아빠 사정 이해해 줘서 아빠는 현서가 대견하고 고마워. 우리 현서 최고네."

현서는 "아니야."라고 했고 씩 하고 웃어 보이는 모습이 전화기 너머로 전해져 오는 듯했다.

자기 마음을 알아주는 사람이 좋다. 나는 내 마음을 이해해 준 현서가 고맙고 현서는 내가 힘들게 가방을 들고 온 자기 마음을 알아줘서 좋은 것이다. 자식을 약하게 응석받이로 키우라는 말이 아니다. 마음을 알아주는 것에 대해서 말하는 것이다. 아들이 아빠에게 이런 전화를 했을 때 어릴 적부터 강하게 키워야 한다며 "남자가 말이야. 그런 거 조금 무겁다고 가방 하나 못 들고 힘들어 해서 나중에 뭘 할 수 있겠어? 아빠는 어렸을 때 아빠 키만 한 무 거운 가방에 도시락까지 들고 몇 킬로미터도 걸어 다녔어…"

스피치를 배우겠다고 왔지만, 심리 상담이 되어버린 28살의 한 청 년은 고등학교 3학년 때 일어난 '우산 사건' 때부터 아버지와 관계가 멀어졌다고 했다. 학교가 끝났는데 비가 역수같이 오던 어느 날, 집 에 계신 아버지에게 우산을 가져다 달라고 전화를 걸었다.

"아빠, 비가 너무 많이 와서 그러는데 우산 좀 갖다주세요." 이

때 아버지가 한 말은 아들의 마음에 커다란 상처가 되었다.

"야, 이 녀석아. 남자가 이런 비 정도는 맞고 다니기도 하고 다른 사람한테 빌려서 쓰고 오기라도 해야지…. 그냥 와."

아들은 남자이기 이전에 사랑받아야 할 사람이다. 남자는 어찌해야 하고 남자는 태어나서 세 번만 울어야 한다느니 하는 것으로 간주되는 시대가 아니다.

부부, 가족, 부모와 자식 간에 "너만 아프냐…. 나도 아프다."가 아니라 "아프냐…. 나도 아프다."가 된다면 가족의 웃음은 사라지지 않는다. 가족의 웃음을 빼앗아가는 모든 것과 맞서 싸워야 하는 것은 아빠의 몫이며 또한 이 시대를 살아가는 모두의 몫이다.

그런 아빠는 가족에게 포클 별의 아론보다 더 강한 진정한 히어로가 될 것이다.

납량특집, 웃지 않는 사람

웃는 사람이 웃지 않는 사람보다 일단 낫다.

혼자 산행을 한다고 가정해 보자. 해는 점점 기울어져 가고 산기슭부터 어둑어둑해져 오는 이때 무엇을 만나면 가장 무서울까? 답은 사람이다. 여자건, 남자건 상관없다. 그것도 아무 표정이 없는 사람이라면 그 자체가 공포다. 왜일까…? 그 속을 알 수 없기 때문에 인간은 본능적으로 두려움을 느낀다. 나에게 호의적인 사람인지, 나를 해치려는 사람인지 알 수 없어서일 뿐만 아니라 상대의 무표정과 나의 두려움이 소용돌이치며 공포는 증폭된다.

사람이 사람을 대할 때 가장 먼저 보는 신체 부위는 단연 얼굴이다. 그리고 얼굴의 생김새보다 먼저 느껴지는 것이 표정이다. 그 잠깐의 표정과 느낌이 상대에 대한 이미지로 고착되기도 한다. 그래서 '초두 효과'라 하여 첫인상의 중요성을 언급하기도 한다.

초두 효과란 처음 입력된 정보가 나중에 습득하는 정보보다 더 강한 영향력을 발휘하는 것을 말한다. 만남에서 첫인상이 중요한 것과 마찬가지다. 미국 다트머

스대의 심리·뇌 과학자인 폴 왈렌 교수의 연구에 따르면 뇌의 편도체는 0.017초라는 짧은 순간에 상대방에 대한 호감과 신뢰 여부를 판단한다고 한다.[2]

왜 사람들은 상대의 얼굴부터 보게 될까?

그것은 자신을 보호하려는 본능에서 출발한다. 두려움과 긴장 요소를 빠르게 제거하고 싶어서 상대의 표정을 관찰하고 심지어는 자신이 먼저 웃어 보이기도 한다.

이렇듯 표정, 그중에서도 웃는 표정은 자신과 상대를 편안하게 해 주고 호의적이게 한다. 웃기만 했을 뿐인데 말이다.

동물은 표정이 없다. 오직 사람만이 울고 웃는다. 사람의 뇌에는 '거울 신경세포'라는 것이 있어서 나도 모르게 상대의 표정을 따라 하게 된다.

부부는 함께 살아온 날이 많을수록 닮는다고 하는데 그 이유는 늘 함께 있으면서 자신도 모르게 상대의 표정을 따라 하게 되어 얼굴의 특정 근육이 발달하기 때문에 얼핏 보면 닮아 보이게 되는 것이다.

그 웃음이 비웃음이 아니라면 웃음은 일단 선한 것이다. "웃

---

2)   출처: 『한경 경제용어 사전』.

는 얼굴에 침 못 뱉는다."라는 말처럼 웃음은 마음의 경계를 허문다.

굳이 '마음 이론'을 끄집어내어 말하지 않더라도 몸과 마음은 연결되어 있다고 우리는 알고 있다.

웃으면 건강해지며 기분이 좋아지고 화내고 찡그리면 간이 상하고 진액이 마르며 마음이 불편해진다. 지금 당장 실험해 보라. 하루에 세 번씩 깊은 한숨을 한 달 동안 쉬게 된다면 걱정과 근심이 쌓이며 당신은 우울증에 걸릴 확률이 높아질 것이다. '웃으면 기분이 좋아지고 기분이 좋아지면 여유가 생기며 긍정적인 말들이 나온다. 동시에 밝게 세상과 미래를 보게 되고 꿈과 희망이 생기며 주위에는 좋은 사람들이 모여든다. 하는 일도 잘되고 실패하더라도 이겨낼 용기가 저변에 생긴다.' 이것은 선순환에 접어든 사람의 패턴이다. 악순환의 패턴은 반대로 생각하면 된다. 표정이 뇌를 자극하고 몸과 마음은 반응한다. 웃음을 머금게 되면 몸은 좋은 호르몬들을 내보내고 마음이 밝아진다. 이렇듯 웃어야 하는 이유는 간단하며 파워풀하다.

반면에 웃지 않으면 어떠한가. 당신 주위에 있는 당신이 아는 어떤 사람이 평소에 잘 웃지 않는 사람이라면 그 사람을 떠올렸을 때의 느낌은 어떠한가. 어떤 감정이 일어나는가. 대개가 이런 감정일 것이다. '어렵다.', '불편하다.', '내가 실수하면 안 될 것 같다.' 등. 나도 덩달아 말이 없어지고 딱딱해진다. 웃지 않는 사람을 불편하게 생각하는 것은 인지상정이다.

누군가 당신을 어렵게 생각하는 것 같다면 상대에게 자신이 좋은 사람이라고 직접 말할 것 없이 거울을 보며 당신의 표정을 점검하고 당신이 평소에 하는 말들을 긍정과 부정으로 분류하며 한 걸음 떨어져서 자신을 성찰해 보아라.

웃는다는 것은 소리 내어 크게 웃는 행위만을 말하는 것이 절대 아니다. 마음이 웃어야 얼굴이 웃고 얼굴이 웃어야 마음도 웃는다. 밝은 마음을 품은 웃음을 말한다. 소리 내어 웃는 것보다 조급하지 않고 여유가 묻어나는 마음의 웃음을 말한다. '소문만복래(웃으면 복이 온다)'라는 말은 옳다. 웃음 안에 복이 깃든다. 물론 그렇다고 해서 웃지 않으면 복이 오지 않는 것은 아니다.

원래 웃지 않는 사람은 없다. 당신의 삶에 있어서 진정한 납량특집은 '사라져 버린 웃음'이다.

환경이나 여건이 나아져서 웃는 것이 아니라 웃으면 환경이나 여건이 변한다. 혹은 환경이나 처지는 그대로일지라도 마음의 상태가 변한다. 그 상태를 바라보는 내 눈이 변하는 것이다. 인생은 속도가 아니라 방향이다. 어디를 바라보며 사느냐가 당신의 현재와 미래가 된다. 그러다 보면 나아지는 것이다.

멋지고 행복한 삶을 살고 싶다면 웃어라.

예의에 대한 소심한 생각

예의와 인간됨은 같은 말이다.

누구라도 그러하겠지만, 나는 예의 없는 사람이 유독 싫다. 그런 사람을 만나면 속에서 무언가가 치밀어 오르고 나름 신실하게 살아가는 크리스천인 나의 입에서조차 욕지거리가 튀어나온다.

깜빡이도 안 켜고 들어오는 차, 차선을 바꿀라치면 죽일 듯이 달려오는 택시, 차가 다가와도 아랑곳하지 않고 길을 건너는 사람들. 나는 이들을 보면 뇌가 있나 하는 의심이 들곤 한다. 예전엔 차가 오면 멈칫하기라도 했는데 요즘은 칠 테면 쳐 보라는 식이다. 아니, 그런 생각조차 하지 않는 것 같다.

뒷자리에 앉아서 있는 힘껏 연거푸 트림하는 사람, 약속 깨기를 물먹듯 해서 남도 물 먹이는 사람, 기껏 온다고 해놓고 시간이 다 되어서 못 오겠다고 하는 사람. 이 사람은 그래도 양반이지… 말도 안 하고 안 오는 사람보다는. 자신의 스케줄대로 상대를 조정하는 사람, 문자를 보냈는데 답 안 하는 사람. 요즘엔 대다수가 카카오톡을 사용하니 읽은 줄 뻔히 아는데 답을 안 하면 자존감 낮은 사람은 혹시나 답이 왔나 하고 휴대폰을 뒤적거리며 며칠간 우울증 증세가 나타난다고 한다. 다음에 그 사람에게 문자가 오면 답을 하지 않는 것으로 소심하게 복수하거나 명단에서 지우고 마음을 정리한다.

다음에 소개 많이 해 줄 테니까 이번엔 무료로 강의해달라는 사람. 좋은 뜻이라고 해서 해 줬다가 안 해 준 것만 못한 일들이 많아서 언젠가부터는 해 주지도 않지만, 이런 사람은 다음에 절대 강의 의뢰를 하지 않는다. 고맙다고도 하지 않고 당연하게 생각하는 사람, 강의료 깎아 달라는 사람. 강의료나 수강료를 깎아달라고 하는 사람은 일단 경계한다. 내 경험에 의하면 고마움의 표현은 됐다 치더라도 끝이 매번 좋지 않았다. 이런 사람은 상대에 대한 존중보단 자기가 우선이다. 그야말로 화장실 갈 때와 나올 때가 다른 사람이다. 마음 한편에서는 '그러면 안 되는데…' 하고 생각하지만 이런 예의 없는 자를 만날 때마다 점점 마음이 굳어지며 '자고로 사람에게는 잘해 줄 필요 없어.'라고 일반화시켜 버리게 된다.

자신이 알고 있는 것이 최고라고 침 튀기며 말하고 상대의 모든 것을 폄하하는 사람.

상대의 상태는 고려하지 않은 채 오직 자신의 마음만 있는 것처럼 행동하는 사람.

상식적으로 이해가 안 되는 사람을 일일이 신경 쓰며 살 수는 없는 일이지만, 이제 그만 만났으면 하는 게 솔직한 바람이다.

그러나 안타까운 것은 예의 있는 사람만 만난다는 깃은 절대 불가능하기에 눈만 껌뻑인다는 것이다.

그들은 왜 예의가 없어지는가?
사람이 예의가 없어질 때는 언제일까?
그때는 이미 자신이 교만해져 있을 때이다.
아니면 무식하거나(여기서 무식하다는 건 교육의 수준이 아니니 오해 없기 바란다), 교육을 잘못 받았거나, 삶의 가치가 어긋났을 때이다. 예의 없는 이들의 영은 다르다.

사람은 태어난 이상 살아간다. 생명이 있는 모든 것은 이유가 있고 그 자체로 가치가 있는 것이다. 존중받을 이유가 충분한 것이다.
그러하기에 함께 살아가는 이 세상에서 누구를 업신여기는 예의 없는 행동을 한다는 건 무식한 거다. 약속을 지키지 않는 것, 무시하는 것, 폄하하는 것, 비겁한 것, 모른 척하는 것, 다 열거할 수 없지만 이건 다 예의 없는 행동이다.
함께 살아가는 인간에 대한 무식한 행동이다.

인간은 누구나 존중받아야 할 충분한 이유가 있고 그 자체로 고귀하고 행복해야 마땅할 존재들이다. 문자에 답을 하지 않았다면 답을 하라. 약속을 어겼다면 진심이 느껴지게 정식으로 사과하라. 지금 누구를 폄하하고, 무시하고 당신 마음대로 하고 있다면 그런 예의 없는 행동을 멈춰라.

그런 사람이 주위에 있다면 고치려 들지 말고 관계를 끊어라. 자기계발 서적에서는 그런 사람이 당신을 더욱 강하게 만든다거나 인생의 큰 교훈을 주는 선생이 된다거나 그 산을 넘지 못하면 다른 산도 넘을 수 없다는 등 말하지만, 그것은 시간 낭비일 뿐이다. 안타깝지만 사람은 쉽게 변하지 않는다.

예의와 인간됨은 같은 말이다.

사람에 대한 평가는 공부를 잘하고 못하고, 지위가 높고 낮고, 돈이 많고 적고로 판단하는 것이 아니라 품성이 좋고 나쁨으로 판단된다.

내가 소심하다 해도 어쩔 수 없다. 자신과 상대를 존중하는 마음이 있다면 그것으로 그만이다. 당신에게 예의 없게 대하는 모두를 이해하며 살 필요는 없다. 참지 말고 터트리라는 말이 아니다. 소심한 방법이지만 외면해 버리라는 것이다.

오직 당신만 생각하라. 상처받는 빈도와 강도를 줄여라. 살아남아야 한다.

공감 능력이나 감성 능력이 떨어져도 상대의 마음을 헤아리는 기능이 약하기 때문에 예의 없게 된다. 예의는 행위기 이니리 마음가짐이다.

존재에 대한 경외심과 나이와 지위를 떠나서 한 사람을 사랑하고 귀히 여기는 마음가짐. 그 마음가짐이 곧 당신에 대한 평가이자 인생이다.

사람을 살리는
말하기

우리는 말을 한다. 생각은 말로써 표현되기에 넓은 범주에서 보면 생각 또한 말이다. 밝은 생각은 긍정의 말을 하고 힘을 주고 사람을 살리지만, 어두운 생각은 원망과 불평의 말을 하게 하고 의욕을 상실케 하며 사람의 마음을 죽인다. 말은 움직이고 에너지가 있어서 살아있는 모든 것에 영향력을 행사한다. 위엄 있는 말, 하나 마나 한 소리, 감동적인 말, 마음을 아프게 하는 말, 힘을 주는 말 등. 우리의 생각이 말이 되고 습관이 되고 품성이 되며 인생이 된다. 그 인생을 통과하며 당신의 입에서 나온 말을 통하여 한 영혼이 살아나고 살아갈 힘을 얻게 된다면 이 또한 기쁘지 아니한가.

재미있게 놀다 와

진정한 소통은 '알아주기'다.

"오늘도 재미있게 놀다 와!"

출근하는 길에 아들을 학교에 데려다주면서 하는 말이다. 그러면 아들은 눈이 똥그래져서 말한다.

"진짜 놀기만 하고 와도 돼?"

"응…. 재밌게 놀아!"

그 말을 듣고 아들은 신나게 학교로 뛰어 들어간다.

"오늘도 선생님 말씀 잘 듣고 친구들이랑 사이좋게 지내고 공부 열심히 해!"라는 말을 한다고 해서 아이가 바르게 되거나, 밝아지거나, 공부를 잘하는 아이가 되는 것이 아니다. 아이는 자신의 마음을 알아줄 때 성장한다.

사람은 누구나 자신의 마음을 알아준다고 느낄 때 행복감을 느낀다. 말은 어떻게 하느냐에 따라 사람을 살리기도 하고 죽이기도 한다.

그러면 교감이 이루어지고 관계는 부드러워진다. 이것이 소통이다.

위로의 말

위로의 말은 상한 마음을 치유한다.

당신으로 인해 어떠한 사람의 마음이 상해 있으면 상대가 나이가 많건 적건, 당신이 윗사람이건 아랫사람이건, 누가 잘했건 잘못했건 이유를 불문하고 먼저 위로의 말을 건네며 용서를 구하라. 당신이 이기고 지고, 자존심이 상하고 안 상하고의 문제가 아니다. 사람을 대하는 자세에 관한 것이며 입에서 나오는 말과 사람을 대하는 태도가 그 사람의 모든 것이다. 이를 통해서 당신은 아버지의 마음, 하나님의 마음을 마주하게 되고 느끼며 깨닫게 될 것이고 더욱 성숙하며 성화되어 갈 것이다.

상당한 영향력을 끼치는 위치에 있는 사람이 마음을 헷갈리게 하고 아프게 하고는 "사람은 다 실수하고 부족한 것이니 완전하신 하나님께 위로함을 구하라."라고 한다면 이것은 하나님과 사람을 업신여기며 우롱하는 것이다. 자신의 잘못으로 상처받은 사람들이 있다면 상대의 마음을 헤아려 깊게 공감하고 마음 아파하며 상대의 얼굴을 마주하고 위로하라. 손을 내밀지 않는 교만함을 버리라. 사람을 대하는 자세 중에서 위로의 말을 건네며 먼저 손을 내미는 것, 이것은 어렵지만, 지극히 중요한 행위이며 당연한 것이다. 또한, 사람은 다른 사람의 마음을 아프게 할 권리를 누구에게도 부여받지 못헀기니와 누구나 귀하고 사랑받으며 살아갈 권리가 있기 때문이다.

당신으로 인해 상처받은 것이 아니라 해도 우리는 주님을 대신하여 마음이 상한 자에게 먼저 손을 내밀어야 한다. 주님은 하실 수 있으나 대신하여 사람을 통해 위로하신다. 사람의 입에서 나온 말은 힘이 있으며 상한 마음을 감싸고 위로의 말은 사람에게 부여해 주신 특권이며 서로가 치유되는 하나의 방식이다. 이러한 모습이 진정한 크리스천이며 충분히 그러한 다음에 "기도하며 주님께 위로를 구하면 주님께서 더 큰 위로를 주실 것이다."라고 말하라. 주님은 사람이 사람을 사랑하며 더불어 위로하고 힘과 기쁨을 주고 그러함으로 세상을 이기고 견디며 살아가길 원하시며 그러한 마음과 기술을 우리에게 주셨다. 기술 부족으로 상처받은 영혼들이 쓰러져서 일어나지 못한다면 그것은 전적으로 사람 때문이다. 상처받은 그 사람이 약해서라고 치부해도 안 된다. 우리는 돌아보아 위로하고 격려하며 사랑하며 살아감이 마땅하다.

사람에게 받은 상처는 먼저 사람에게 위로받아야 한다. 주님께 간구하며 기도해도 채워지지 않는 빈자리가 있다. 믿음이 부족해서가 아니라 사람이기에 그러한 것이다. 그렇다면 그것은

말하지 않으면
귀신도 모른다

사람이 채워야 한다. 상한 마음은 위로해 주고 행복감을 심어 주며 기쁨을 주는 사람이 되어라. 당신은 미물인 고양이와 강아지보다 나은 인생이 아닌가.

마땅히 사랑해야 할 사람들을 사랑하고 이웃을 돌아보아라. 이것이면 이 땅에서 당신의 사람됨은 충분하다. '내가 하지 않아도 시간이 지나면 잊히고 주님의 위로하심이 있을 거야', '우리가 어떻게 하지 않아도 기도하고 주의 일을 열심히 하면 가족도 자녀도 사업도 다 주님이 잘해 주실 거야'라고 여기는 것은 헛크리스천이다.

돌아보아라. 우리가 마땅히 먼저 해야 할 일을 주님께 떠넘기지 마라. 주께 하듯 사람을 사랑하고 감사하고 기도하며 위로하라. 이것이 진짜 크리스천이다.

좋은 사람으로 기억되는 대화법

알아주고 질문하라.

교회에서 가끔 인사하고 말 몇 마디 주고받는 나보다 나이가 지긋하신 어떤 분과의 대화다. 그냥 의례적인 인사로 "집사님, 안녕하세요." 하고 지나가려는데 그분이 웃으면서 나에게 쓱 다가오더니 하시는 말씀. "집사님 기도 덕분에 제 막내아들이 대학원에 들어갔습니다~" 하는 것이다.

사실 나는 기도를 한 적도 없고 그분에게 아들이 있는지도 몰랐으며 막내가 아들인지는 더더욱 몰랐다. 그렇다면 그분은 왜 내가 알지도 못하는 막내아들 이야기를 했을까? 이유는 하나! 자랑하고 싶어서이다.

사실 이런 상황에서는 어떻게 해야 하나 당황스럽기도 하지만, 이럴 때는 그냥 "아~! 잘되었네요~!"만 하고 끝나면 안 된다.

당신이 그 순간에 약간의 여유가 있다면 대화의 팁은 이렇다.

"아~! 그러세요? 정말 잘되었네요. 어디 대학원에 들어갔어요?"

"○○○ 대학원입니다."

"그래요? 대단하네요. 공부에 대한 열의도 있고 머리도 좋은가 보네요."

더욱 중요한 것은 "잘되었네요."를 연발하는 것이다.

연세가 지긋하신 분들은 특히 물어봐 주는 걸 좋아하기도 하고 잘 들어 주어야 한다. 자식이 잘되었을 때 자식 자랑을 하고 싶은 건 모든 부모의 인지상정이다.

여기서 보너스 하나. "막내 아드님이 잘되었네요."로만 끝난다면 60점이다.

대화 몇 마디로 '좋은 사람으로 기억되기' 위한 필살기는 '한마디 더 물어보기'다.

막내가 있으면 위에 누나든 형이든 형제가 더 있지 않겠는가.

"그럼 막내 위로는 자제분이 몇 분이세요? 그분들도 잘되었겠네요."

이런 식으로 모조리 물어보고 마지막에 방점을 찍는 회심의 한마디.

"모두 아버지가 기도하시고 본이 되셨으니 자제분들이 잘된 거죠."라고 하면서 나에게 부럽다는 소리를 듣고 싶어 하는 그분을 치켜세워 주어야 한다. 이것은 아부와는 차원이 다르다.

보너스 팁 하나가 더 있다.

"잘 되었네요."를 연발할 때는 상대의 이야기가 끝나자마자 해야 한다. 그리고 말할 때는 상대의 눈이나 입을 항상 주시해야 한다. 즉, 적극적 경청의 자세이다. 그렇게만 하면 그분은 당신을 예의 바르고 남의 말을 귀담아들을 줄 아는 넉넉한 사람으로 인식할 것이다. 3년이 지난 지금도 그분은 길 건너에서도 나를 보면 큰 소리로 인사를 건네거나 뛰어와서 악수를 청하신다.

알아주면 통한다. 진정한 스피치는 내가 말을 잘하는 때보다 들어 주고 맞장구쳐 주고 알아줄 때 빛을 발한다. 알아주고 경청하고 맞장구쳐 주는 세상 좋은 사람으로 당신을 기억하게 할 것이다.

말하지 않으면 귀신도 모른다

사람의 마음을 움직이는 대화법.

우리는 말을 한다. 혼자서 생각하고 중얼거리거나 정보를 전달하는 것과 달리 '대화'를 한다는 것은 '교감'과 '공감'을 내포하고 있다. 대화는 일방통행이 아닌, 신호등이 없는 개선문 거리의 복잡한 교차로를 물 흐르듯 차량이 통행하는 것처럼 '배려'와 '인정'을 통해 서로의 생각을 조정하며 교차해서 진행하는 목적지가 없는 예술이다.

대화로 인해 문제가 더 복잡해지기도 하며 오해가 풀리기도 하고 말로 인해 상처받기도 하며 위로받기도 한다. 이러한 이유로 대화는 끊임없이 상호작용을 하며 누구에겐가 영향을 끼친다. 그렇다면 대화는 어떻게 하는 것이 좋은가.

여기 간단한 팁 몇 가지가 있다.

첫째, 대화는 일방통행이 아니다.

대화에는 보이지 않는 신호등이 있다. 자기만 계속 파란불을 켜놓고 말한다면 빨간불인 상대는 지루해하고 불만이 생긴다. 그 신호등은 내 말이 끝날 때 다른 색으로 바뀌는 것이 아니라 상대에 대한 배려와 감정의 속도를 맞춰가며 수시로 깜빡여야 한다.

둘째, 질문은 대화의 길을 여는 안내자다.

대화의 시작은 "내가…"로 시작하는 것이 아니라 질문으로 시작하는 것이 좋다.

사람은 말하고 싶어 한다. 그 사람이 고민하는 문제나 관심 있는 사항을 질문을 통해서 말하게 한다면 이른 시간 안에 친근감을 느끼게 될 것이다.

누구나 처음 만나는 사람과는 어색하기 마련이다. 평소에 대화의 물꼬를 여는 질문을 리스트 업해 놓고 필요할 때 던져라. 대기업에 임원으로 계시는 어떤 분은 젊은 직원과 대화를 열 때 이렇게 한다. "요즘 뜨는 앱이 뭐가 있어?" 그러면 그 젊은 직원은 앱을 다운로드도 해 주며 사용법을 설명하고 어느새 다음에

민나도 말할 기리가 생긴다고 했디.

또한, 자신이 답을 말하거나 단정 지으려 하지 말고 상대에게도 말할 수 있는 여지를 주어라.

예를 들어, 상대가 "성공이 뭐라고 생각하세요?"라고 묻는다면 자기 생각을 말하고 끝내버리는 것이 아니라 상대에게도 같은 질문을 되물어라. 그러면 서로의 생각을 주고받는 진정한 대화가 되는 것이다.

셋째, 자신을 오픈하라.

오프라 윈프리가 대단한 이유는 다른 사람 같으면 부끄러워하고 숨길만 한 과거를 과감하게 오픈했을 뿐만 아니라 토크쇼에 나온 사람으로 하여금 그 어디에서도 말하지 못했고 또 마음에서 충돌하고 있던 문제들을 '이 사람에게는 말할 수 있겠구나.' 하는 마음을 갖게 한 품성 때문이다. 자신을 드러내지 않고 하는 대화는 가면을 쓴 것과 같아서 대화가 끝난 후 자신도, 상대도 만족함이 없다.

넷째, 상대의 감정을 헤아려라.

"아빠, 나 여기 아파."

"그래? 어쩌다 그랬어. 많이 아프겠다."

아이가 아프다고 말했을 때 "그러게 늘 조심해야지."라고 말한다면 물론 맞는 말이지만, 아이의 마음은 상하고 대화는 단절된다. "당신은 매번 이런 식이야."라고 상대가 말한다면 그 말 안에는 사실의 현상뿐만 아니라 그동안 쌓였던 서운함까지를 포함하는 것이다. 사실 너머에 있는 감정을 헤아리게 되면 긴말이 필요 없이 관계는 회복된다.

다섯째, 긍정의 말을 하라.

매사에 부정적인 사람과 대화하는 것은 그 자체로 노동이다. 그 말이 맞는 말일지라도 에너지는 고갈되고 마음은 피폐해지며 희망이 사라진다.

긍정의 말은 마음을 활기로 가득 차게 하고 당신을 기분 좋은 대화 상대로 기억하게 할 것이다.

여섯째, 대화 강박증에서 벗어나라.

어떤 이는 자신이 대화를 주도해야 한다고 생각하고 어떤 이는 언제 대화에 끼어들어야 할지 모른다고 고민한다. 주도하지 않아도 되고 예능도 아닌 대화에서 치고 들어갈 타이밍을 고려하며 긴장하지 않아도 된다. 축구 이야기가 화제로 나왔을 때 자신이 축구에 대한 지식을 드러내려 하지 않아도 된다. 그때는 들어주고 반응만 해주면 된다. 대화는 물 흐르는 것과 같다.

흐르게 놔두고 막지 말고 거스르지 마라.

일곱째, 말하지 않으면 귀신도 모른다.

내가 말 안 해도 상대가 알겠거니 하는 것은 어디까지나 자기 생각이다. 자신의 기분, 감정을 표현하는 연습을 해라. "나 지금도 사랑해.", "사랑하니까 같이 있지, 그걸 말로 해야 아냐?"

말로 해야 안다. 표현한다는 것은 돈을 지불하고 물건을 사는 것처럼 증거를 확인하는 것이다. 말은 힘이 있고 몸과 마음을 쥐고 흔든다. 밝은 표정과 유머러스하고 부드러운 말은 사람을 온화하고 유하게 만들고 거친 말과 침묵은 마음을 격동케 하고 오해를 불러일으킨다.

여러 가지 대화법이 있겠지만, 이 정도만 실천한다 해도 당신과 대화하는 상대는 편안하고 진솔한 대화를 통해 당신을 이미 익숙하고 편안한 사람으로 대할 것이다. 끊임없이 말을 하라는 이야기가 아니다. 핵심은 '진솔함'이다. 용기를 내어 도전하라!

대화법, 알통(通) 스피치

알아주면 통(通)합니다.

우리는 말을 한다. 말은 정보를 주고받는 기능뿐만 아니라 마음을 움직인다. 혼자서 다수를 향해서 하는 스피치라고 해서 내가 하고 싶은 말을 논리 정연하게 다 완벽하게 했다고 말을 잘한 것이 아니다. 일방적인 스피치도 대화의 한 선상인 만큼 상대가 수긍하고 통해야 말이다. 듣는 이들의 감정 상태와 수준을 고려해서 논리적이고 감성적으로 말함으로써 이해되고 인정받았을 때 감동하게 되고 통하게 된다.

한 걸음 더 나아가 대화는 나를 드러내고 상대를 관찰하여 내 안으로 들이고 관계를 형성케 하며 상호 간에 서로의 마음을 알아달라는 직접적인 신호이며 관계를 맺는 최조의 방식이다.

영화 〈오만과 편견〉에서 배경이 되는 빅토리아 시대에는 말을 직접적으로 하는 것을 천박하다 여겨서 침묵이나 은유적인 표현으로 자기 생각과 마음을 전달하는 장면을 접하게 된다. 물론 지금은 중세 시대가 아니지만, 말을 한다고 해서 모두 말이 아니고 현대는 오히려 말들이 넘쳐나 피로감이 쌓이는 시대다. 말을 값있게 쓰자. 말이 제구실을 할 때 비로소 치유가 일어나고 관계가 회복된다.

말하는 것이 천박한 것인가, 말이 많은 것이 천박한 것인가, 말이 안 통하는 것이 문제인가.

문제는 말하는 것이 아니라 핵심 없는 말을 많이 하고 상대를 피로감에 젖게 한다는 것이다.

말을 많이 하다 보면 실수하기 마련이라 해서 침묵을 중히 여기기도 하지만, 말을 하지 않고는 살아가기 힘들다.

그렇다면 어떻게 대화해야 하는가. 우리는 끊임없이 누군가와 대화하지만, 과연 제대로 된 대화를 하고 있는가. 나의 말에 누군가는 상처를 받고 말이 안 통해서 답답하고 어떻게 전달해야 할까 고민한 적이 있을 것이다.

'알통 대화법'이란 자존감을 높여서 안정된 성품을 가지고 배려와 감성이 묻어나서 서로를 살리는 대화법이다. 지적하는 말이 아닌 포용하는 대화, 상대의 마음을 알아주어 따뜻해지는 대화이다.

내 말이 아무리 맞더라도 맞는 대화가 아닌, 상대와 통하는 옳은 대화를 하는 것이다.

오랜 시간 동안 강연과 스피치를 지도해 오면서 스피치와 사람에 관한 하나의 깨달음이 있었다. '사람은 자신의 마음을 알아줄 때 움직이고 반응한다는 것.'이다. 그래서 양재규 스피치의 방향은 알통 스피치가 되었다. 알통(通) 스피치는 '알아주면 통하는 스피치'다. 알통 스피치가 결국 목표하는 바는 자존감과 자신감 회복, 상대의 마음을 알아주는 말로 인한 부드러운 인간관계 형성, 자기 생각이 잘 정리되어 어떤 상황에서든지 자존감과 배려와 공감을 기반으로 기분 좋게 술술 말할 수 있는 '어디서나 즐거운 자신감'이다.

사람은 자신의 마음을 알아주는 사람에게 끌린다.

누군가 당신에게 무언가를 질문한다면 당신에게 답만을 구하는 것이 아니다. 대화를 원하는 것이고 이는 관심의 첫 단계이나. 누군가 당신에게 싸증을 낸나면 불변하다는 것이며 자신의 마음을 알아주고 해결해 달라는 것이다. 자신은 뒤끝이 없는 사람이라고 하고 싶은 말 다 해 놓고 이제 다 풀렸다며 웃고 있다면 정확하게 정신이 이상한 사람이다. 뒤끝은 없는지 몰라도 이미 상대는 앞끝으로 사망한 상태다. 혹시 주위에 이런 사람이 있다면 관계를 끊어라. 경험상 결국 끝이 좋지 않다.

스피치는 자존감을 기반으로 한 '배려'에서 출발한다. 상대의 감정 상태나 분위기 등을 배려하며 자기 말을 해야 한다. 그래서 설교나 강의를 시간을 넘기며 오래 하는 것은 배려 없는 행동이다. 그 설교나 강의는 통했으나 막힐 것이며 어디서도 환영받지 못한다. 감성 능력과 공감 능력이 떨어지는 사람은 자신이 지금 느끼는 감정의 상태가 전부라고 착각하는 오류를 범한다. 강의나 대화가 아무리 재미있고 해 주고 싶은 말이 많아도 자신의 흥에 못 이겨 절제하지 못하고 말한다면 지극히 유아적인 스피치의 소유자라 생각하면 맞다. 흔히 말하는 부장님 같은 어른들은 왜 말이 많을까? 지금까지 살아오면서 경험도 많고 맞고 틀리고의 가치관이 명확하므로 더 잘해 보자는 생각에 말이 많아진다. 구구절절 맞는 말씀임에는 틀림이 없다. 문제는 그 부장님의 말에 공감과 배려가 빠졌다는 것이다. "윗사람이 되면 입은 다물고 지갑을 열어라."라는 말이 있다. 나이가 들면 아무래도 감성 공감 능력이 떨어진다. 그러기에 짧고 굵게 말하는 연습을 해야 한다. 스피치는 정갈해야 하며 '과유불급'이란 말이 제대로 된 표현이다.

일단 웃는 연습을 해라. 밝은 얼굴에서 밝은 말과 긍정의 말이 나온다. 긍정의 말은 자존감을 높이고 높은 자존감은 밝은 성품을 만든다. 대화는 성품의 교감이다. 상대의 말을 자르지 말고 다 듣고 상대의 마음을 헤아리려 노력하라. 예를 들어, 아내가 요즘에 집안일을 안 도와준다고 짜증 낸다면 집안일도 물론 함께 하면서 그 너머의 마음, 즉 요즘 힘들어한다든지 관심을 필요로 한다는 것까지 헤아리려고 노력하라. "나 요즘 힘들어."라고 누군가가 말할 때 "나도 힘들어."나 "뭐가 힘들어?"라고 말한다면 상대의 기분이 어떨까. 이때는 "요즘 많이 힘든가 보구나 어떤 부분이 힘들게 해?"라고 말하는 것이 알통 스피치다.

대화는 나에게서 출발하여 사람의 인생과 세상을 빛나게 하는 예술이다.

알통 스피치는 상대의 마음을 알아주고 배려하여 더욱 편하고 진솔한 관계를 형성하는 스피치다. 알아주고 배려할 때 인간관계도 좋아지고 당신은 더욱 분명하고 믿을 만한 사람이 된다. 또한, 대화는 더 이상 어렵고 두려운 것이 아니며 당신은 좋은 사람으로 인식될 것이다.

표현력

표현하지 않는 사랑은 사랑이 아니다. 마음을 말하라.

우리는 솔직한 사람이 좋다고 하면서 정작 자신은 솔직하지 못할 때가 있다. 아니, 솔직해지는 것을 두려워하는 것인지도 모르겠다. 이것은 오래전부터 학습된 생존 본능, 방어 본능일 수도 있겠으나 '솔직함'이란 말의 오해에서 시작된 것은 아닐까.

자신의 속엣것을 모조리 말해서 자신의 과거와 현재의 모습을 상대에게 유리처럼 투명하게 보이도록 하라는 말이 아니다. '솔직함'이란 지금 자신의 '감정'을 덮지 않고 말함으로써 나를 넘어 상대와 묵은 감정이나 오해가 없게 하여 편안한 관계를 유지하도록 돕는 도구이다. 마음을 말하라. 담아 두지 말고 참지 말고 자신의 감정을 표현하라. 무슨 말이든 툭툭 내지르라는 것이 아니라 물이 고이면 썩듯이 마음도 담고 있으면 곪는다. 담아 두었다가 한꺼번에 터트러서 말하면 싸움이 되지만, 마음이 올라올 때마다 그때그때 조금씩 말하면 마음이 건강해지고 오해가 생기지 않게 되고 관계가 편안하게 지속되며 상처가 생겨도 바로 치유된다.

사람의 마음이 상하는 이유의 대부분은 상대의 마음이 내 마음과 같지 않거나 내 마음을 상대가 알아주지 않아서이다. 이럴 때는 말하고 저럴 때는 말하지 않고. 내 마음은 불편하지만, 이것을 말하면 내가 마음이 좁은 사람처럼 보일 것 같고 또는 상대가 불편해할까 봐 말하지 않는 것은 서로에게 유익하지 않다. 기회를 보고 말하라. 말하되 자신의 감정 상태만 탁자에 내려놓아라. 고마울 때도 아낌없이 모든 좋은 것을 동원하여 표현하라. 서로에게 기쁨이 된다. 불편하면 불편하다고 표현하고 고마우면 고맙다고 말하라. 내가 바라는 대로 상대를 대하라.

이것을 명심하라. '사람의 마음은 똑같다.'

'저 사람은 그러지 않을 거야.'가 아니다. 마음은 똑같다. 그러나 어떤 사람은 직설적이고 또 어떤 사람은 은근하다. 그러하기에 대화를 하거나 문제를 해결하거나 마음을 이야기할 때 사람에 따라 방법이 다를 수 있다. 그 자리에서 즉시 말하고 털어버리는 사람도 있으나, 이는 웬만큼 멘탈이 강한 사람이 아니면 드문 경우이고, 기다렸다가 장소와 분위기가 다른 곳에서 그때의 일을 꺼내서 이야기할 때 이해하고 풀어지는 사람이 있다. 이때의 시간은 하루를 넘기지 않도록 최대한 짧아야 하며 자신의 삼성만을 이야기해야 한다. 시간이 길어지면 오해하고 더 서먹해지며 포기하고 관계는 더 어려워지게 된다. 사람은 마음의 말을 먹고 살아간다. 그러기에 섭섭해하거나 오해가 없도록 자신의 마음을 분명하고 솔직하게 표현해야 한다.

속상하다고 해서 즉시 말하지 말고 말할 때는 속상해하며 따지듯 하지 말라.

"너의 이러한 말에 내 마음이 많이 불편해."까지만 말하라. 자신의 감정에 대한 말만 하라는 것이다. "너의 이러한 말에 내 마음이 많이 불편해. 어떻게 나한테 이럴 수 있어?"까지 말하면 상대는 공격으로 간주하고 싸움이 되고 또 한 번 서로의 속마음을 제대로 어필하지 못한 채 오해의 나락으로 빠지게 된다.

이처럼 마음을 솔직하게 표현하는 것은 조직 생활과 대인관계를 원활하게 하는 제일의 기술임이 틀림없으나 부부나 부모 자식처럼 허물이 없고 특히 가까운 사이일수록 마음을 표현하는 데 익숙해야 한다. 모든 문제는 가정에서 시작되며 모든 해결도 가정으로 귀결된다. 가족 간에 서로의 마음이 잘 소통된다면 부부 상담이나 가족 상담사는 다른 직업을 찾아야 할 것이다. 그러나 "마음을 말하라."라는 말은 쉬워도 특히 표현에 서툰 무뚝뚝한 사람들에게는 실행하기 어려운 말이다. 사실 영화에서처럼 매일 틈만 나면 사랑한다고 말하고 키스하고 껴안는 것까지는 하지 않더라도 좋아하고 관심이 있다는 표현을 해야 한다.

"꼭 그걸 말해야 아나?" 말해야 안다.

말 안 하면 귀신도 모른다. 화목과 당신의 인생을 위하여 용기를 내어 표현하라.

자녀가 당신을 좋아하도록 하고 당신도 자녀가 사랑스럽게 느껴지게 하고 싶거든 잔소리를 줄이고 단점을 덮어 주고 장점만을 바라보며 집중하라. 그러면 좋은 점이 더 크게 느껴지고 예뻐 보인다. 지나가면서 자녀의 머리를 쓰다듬으면서 이렇게 말하라.

"우리 아들이, 우리 딸이 이 세상에서 제일 예뻐!"

여러 말이 필요 없다. 이 말을 할 때 부모의 손길, 눈짓, 미소, 느낌 등이 어우러져 자녀의 자존감이 살아나고 마음의 근육이 튼튼해진다. 이 세상에서 누군가가 나를 지지해 주고 인정하고 사랑하고 있다는 것을 느끼고 자란 자녀는 또 다른 이에게 사랑을 줄 힘이 생긴다. 솔직함은 표현하는 것이다.

또한, 아내에게 말하라. 그의 눈과 얼굴을 보고 닭살이 돋더라도 꾹 참고 "나는 당신이 제일 좋아.", "오늘 함께 있으니까 너무 좋아.", "당신이 음식을 해서 정말 맛있어." 등으로 구체적으로 당신의 마음을 말하라. 사랑은 표현하는 것이다. 이해가 안 되는 부분을 바꾸려고 노력하지 말고 인정하는 쉬운 방법을 택하라. 아내는 다른 사람이 아니라 당신만 보고 평생을 함께하리라 다짐하고 살고 있는데 또 무엇이 필요하단 말인가.

감사하고 표현하라. 수시로 하고 고마움과 사랑의 표현을 아끼지 말아라.

평생을 함께 살아갈 사람과 행복한 느낌을 교류한다는 것은 아름다운 것이며 결국 당신에게 유익한 것이다.

공감

'마음을 알아주면 통한다.' 이것은 진리다.

사람의 관계를 이어가게 하는 끈은 말과 신뢰다. 모든 사이에 대화가 없다면 그 관계는 죽은 관계이고 신뢰가 없다면 더 이상 지속할 이유가 없는 관계다. 우리는 저마다 타고난 기질이 있으며 유전적으로 물려받은 자신을 바라보는 눈과 사람을 대하는 각자의 태도 방식이 존재한다. 한 사람의 행동 양식을 결정짓는 대부분은 부모의 양육 태도 이외에도 가정 내에서의 대화와 신뢰의 양과 질에서 확연한 차이를 보인다. '받은 것이 없으면 줄 것도 없다.'

부모의 다정다감하고 관심 어린 눈빛을 통해서 자신을 있는 그대로 온전히 인정받고 자란 사람은 자연스럽게 자존감이 자라며 상대를 대할 때도 정감이 있고 믿음직스럽기 마련이다. 그러나 모두가 행복하고 평온한 양육을 받으며 자란 것은 아닐 것이다. 그렇다고 해서 내가 받은 것이 없으니 줄 것도 없지 않느냐며 당신의 가족에게도 어찌해야 할 바를 알지 못한다고 그대로 있다가는 당신과 똑같은 한 사람이 또 다른 가정을 이루어 밋밋하게 살아갈 것이다. 받지 못했더라도 배우고 노력하면 되는 것이다. 그리고 더욱 중요한 것은 상대의 마음을 알아주려

고 하는 진정성이 있다면 통한다. 마음을 알아주면 통하는 것
이다.

부부지간이나 부모, 자식 간에 대화가 없다면 그 가정은 건강
한 가정이라 말하기 곤란하다. 양반 집안이고 가풍이 대대로 과
묵한 사람이라 말수가 원래 적어서 가족 간에 입을 굳게 다물고
지낸다면 한시라도 빨리 입을 열어라. 남자가 입이 무거워야 한
다면 생각을 바꾸어라.

밖에서도 그러라는 말이 아니다. 적어도 가족에게는 말을 아
끼지 말라는 말이다.

'밖에서도 말을 많이 하는데, 집에서까지 가족끼리 시시콜콜
말을 해야 하나?'라고 생각하는 사람도 있겠지만 단언하건대 말
을 하라. 시시콜콜 쓸데없는 말이라 생각되는 것이라도 좋으니
아내의 눈을 보고, 자식의 얼굴을 보고 말하라. 그러면 그 말을
듣는 상대는 아빠나 남편이 자신에게 관심이 있고 자신이 사랑
받고 있다는 것을 느끼게 될 것이다. 이것이 가정을 신뢰와 사랑
으로 화목하게 하는 지름길이다. 그만큼 인간관계에 있어서 말
과 신뢰는 관계의 질을 결정하는 척도이다. 부부 사이와 부모
자녀 사이는 익숙하고 편하고 가깝기에 소홀하기 쉽고 사회에서
의 인간관계와 다르게 생각하는 경향이 있는데 그것은 착각이
다. "가족인데 뭐 그런 것까지 시시콜콜 말해야 하나요?", "집에

선 좀 쉬고 싶은데 집에 와서까지 말해야 하나요?", "아내나 자식한테 말한다고 해서 해결해 줄 것도 아닌데 말하면 뭐 해요?", "아내가 자식 키우는 거며 집안일을 다 잘 알아서 해 주니 딱히 제가 뭐 할 말이 없어요. 잘하고 있는데 괜히 말하면 참견하는 것 같아서 말 안 해요.", "아이들은 이제 다 커서 제가 뭔 말을 하려고 하면 잘 안 들어요. 그리고 자기들이 알아서들 하니까 굳이 말할 것도 없어서 귀찮아할까 봐 말 안 해요."

이런 유형으로 말하는 분들에게 요즘 유행하는 노래 제목으로 대답을 대신하겠다.

〈그건 니 생각이고〉.

처음 참석하는 모임이라 어색해하는 당신에게 누군가가 말을 걸어 주고 친절하게 안내해 준다면 어떤 기분이 들까 생각해보면 답이 보인다. 그 사람은 당신에게 친절하고 좋은 사람으로 기억될 것이다. 사람에 따라서 자신이 관심받고 있고 사랑받고 있다는 것이 대해 느끼는 방식이 조금씩 다를 수는 있으나 가슴과 얼굴을 자신에게 향하고 밝은 얼굴로 말을 걸어오는 사람을 싫다고 할 사람은 드물 것이다.

가족은 익숙하고 편하다. 그래서 소홀하게 대하기 쉽지만, 가족이야말로 우리의 힘이다. 부부 사이, 부모, 자식 간의 대화의

말하지 않으면
귀신도 모른다

양은 행복감과 비례한다. 혼잣말이 아니라, 일방적인 말이 아니라, 길을 제시하는 말이 아니라 감정을 교류하는 대화를 말하는 것이다. 그렇게 느껴진 행복감은 살아갈 에너지원이 되어 대인관계에 있어서 지대한 영향을 미친다. 하나의 점이 모여 선을 이루듯이, 가정에서의 대화와 신뢰를 기반으로 한 행복감은 한 사람의 인생을 건강하게 하여 정신건강에 할애되는 사회적 비용을 대폭 줄일 수 있다. 남편이 아내에게 회사에서 있었던 시시콜콜한 일을 모두 이야기하고 일주일의 스케줄을 공유하며 어떠한 문제에 대해 당장 해결되는 것은 아니더라도 자기 생각을 교환하고 서로의 마음에 공감해 줄 때, 부부는 행복감을 느끼게 된다.

사람은 누구나 인정받고 사랑받고 싶다.

남자들은 여자가 어떤 문제에 대해서 말할 때 해결 중심의 대화를 하며 그 문제를 정리하여 답을 주려 한다. 그러나 여자는 그것을 원하는 것이 아니라 자신의 의견에 동조해 주고 자기 마음에 공감해 달라는 것이지, 해결해 달라는 것이 아니다. 그냥 곁에서 들어 주고 공감해 주면 그만이다. 아내도 여자다. 해결 중심의 대화를 하는 남편들이 간과해서는 안 될 것은 아내는 남편보다 현명하다는 것이다. 자녀들에게도 지시적 표현이 아니라 마음에 공감해 주고 인정해 주는 언어를 사용하면 관계는 좋아질 수밖에 없다. 자신의 존재에 대해 인정받고 누군가에게 사랑받고 있다는 것을 느끼고 자란 자녀는 설혹 다른 길로 가더라도 다시 돌아오며 대개는 건강하게 자신의 길을 만들어나가게 된다.

공감해 준다는 것은 상대를 인정하고 마음을 알아준다는 것이다. 나아가 공감 대화법이라 함은 상대의 마음 상태를 알아주고 있는 그대로 인정하며 자신의 마음을 공격의 언어가 아닌 사실만을 그대로 내어놓고 대화하는 것이다. 아내가 오늘 하루 힘들었다고 말하면 정말 수고했고 당신이 있어서 든든하다고 말해 주어라. "말을 꼭 해야 아나?"가 아니다.

말 안 하면 귀신도 모른다.

사과

진솔한 '사과'는 건강한 '자아'를 만든다.

"현서야… 아빠가 어제 화냈던 거 미안해… 아빠가 화났던 이유는 아빠와 며칠 전도 아니고 오늘 아침에 게임 보는 것 끝나면 책 읽기로 약속한 걸 네가 지키지 않은 것과 엄마, 아빠한 테 물어보지도 않고 친구를 이미 집에 데리고 와서 우리 집에서 자겠다고 통보하듯 말한 것 때문이었어. 그런데 친구하고의 신뢰 문제도 있는데 너의 체면은 생각지도 않고 아빠가 친구더러 집에 가라고 했고 불타는 금요일인데 빨리 자라고 했어. 자는 너의 모습을 보니 사실은 마음이 안 좋고 미안했어. 어제 너의 마음은 어땠어? 아주 속상했겠다. 그렇지?"

"사실은 나도 잘못했지만, 아빠가 유난히 화내는 걸 보고 그전 에 짜증 나는 일이 있었나 하고 생각했어."

"그랬구나…. 친구는 뭐래? 집에 잘 샀을까?"

"잘 들어갔고 괜찮다고 카톡 왔어."

아빠와 아들은 서로를 안아주며 말했다.

"현서야, 화낸 거 미안해… 이해해 줄 수 있겠어?"

"응…. 어제는 마음이 이상했는데 아빠가 마음을 말해줘서 기분이 좀 좋아진 것 같아…. 다음부터는 먼저 물어보고 약속도 지키려고 노력할게."

다음 날 아침. 아빠는 아들 친구를 집에 오라고 했고 친구에 게도 그때 당시의 아빠의 마음을 말하고 사과했다. 아들 친구는 말씀해 주셔서 고맙다며 멋쩍은 미소를 보였다. 6학년이라는 게 믿기지 않을 만큼 멋쩍은 미소였다.

시과한다는 건 나의 잘못을 인정하는 것이기에 힘든 것이다. 더구나 사과해야 하는 대상이 가까운 가족이거나 친구 또는 나보다 어리거나 약하다고 생각되는 사람일 때는 더욱더 그러할 것이다. 그러나 자신의 과오를 인정하고 사과하는 모습은 자신의 마음을 건강하게 하고 인격을 한 단계 성숙시킨다. 서로를 응시하고 마음을 여는 순간은 사람을 더욱 아름답게, 인간관계를 풍요롭게 만드는 숭고한 모습이다. 가까운 부부나 부모, 자식 간이라면 진솔한 사과는 유대감을 더욱 돈독하게 하고 신뢰감을 주기에 더욱 중요한 요소이다. 한 걸음 더 나아가서, 고백과 사과는 같다. 생각해 보자. 고백할 때나 사과할 때는 진지하고 말문을 열기가 어렵다. 그러나 두 경우의 공통점은 홀가분하고 마음 한편이 따스해지는 경험을 한다는 것이다. 사람이나 사건의 경중에 따라서 어려움이 있을 수 있겠으나 인간관계에 있어서 '정중하고 솔직한 사과'는 사과를 하고 받아들이는 서로에게 이전보다 더욱 두터운 신뢰감을 가지게 한다.

나는 언젠가부터 아내와 다투는 일이 거의 없다.

그전에는 서로 간에 불편함을 표현하는 수단이 툴툴거리고 짜증을 내고 퉁명스러운 표정과 말투였다면 이제 우리는 말을 한다. 분위기를 전환하려고 감정을 누르고 하는 단순한 말이 아니라 그렇게 비치게 된 나의 속마음을 말한다.

"사실 조금 전에 짜증 냈던 거 미안해. 사실은 이런저런 이유 때문에 화가 났었어…. 내 속마음은 이런 거였어."

사람은 감성이 이성을 앞선다. 사람을 움직이게 하는 건 이성이 아닌 감성이라는 말이다. 논리적으로 말해야 할 때가 있고 감성적으로 말해야 할 때가 있으나 사람들은 대부분 감성적인 말에 끌린다. 감성은 진솔함이 배어 있을 때 빛을 발하며 마음을 움직인다. 그 순간 언어는 극대화되며 관계는 더욱 끈끈해진다. 이날의 스피치는 인생에서 잊히지 않는 당신의 인생 어록이 된다.

엉뚱하겠지만, 말을 잘하고 싶거든 깊이 있게 인성하고 사과하는 경험을 해 보아라. 이 말은 '진솔함이 마음을 움직이는 스피치의 답이다.'라는 말이다. 목사가 설교를 하든, 강사가 강의로 자신의 생각을 피력하든, 프레젠테이션을 하든, 대화를 하든 '진솔함'이 없는 스피치는 감흥이 없으며 메아리처럼 공허한 무엇이 되기도 전에 연기처럼 사라진다. 스피치는 마음을 움직이는 것이며 경험과 지식에서 묻어나는 연륜을 무시할 수 없지만, 그 무엇도 '진솔함'에 비할 것은 아니다.

감정

감정을 표현하는 것에 익숙해져라.

인간의 여러 표현 수단 중에서도 말은 가장 직접적이고 동시에 나와 여러 사람에게 다른 어떤 것보다도 파급 효과가 직접적이며 크다. 그 이유는 말에는 텍스트만 있는 것이 아니라 화자의 '감정'이 표정과 어조로 표현되며 이를 듣는 이들의 이성적인 뇌와 감정의 마음(뇌)에 연결되어 움직이기 때문이다.

사람을 사람답게 하는 것은 이성이 아니라 사실은 감정이다. 희로애락의 감정은 교묘하게 전이되며 말이나 선율과 함께 표현될 때 그 파급 효과는 더욱 크다. 말에 있어서 표현한다는 것은 안의 것, 즉 보이지 않는 것을 보이듯이 드러내 나타낸다는 의미이다. 즉, 그림을 그리듯이 말하는 것인데 이때 화자나 듣는 이 모두 감정(감성)을 더 많이 사용하게 된다. 이러한 이유로 감정을 자유롭게 감지하지 못하거나 활용하지 못하면 말하기도 힘들고 들어도 상대가 무슨 말을 하는지 알아듣기 힘들 수도 있다.

사람을 대할 때 나와 통하는 사람인지, 상대가 어떤 마음 상태인지 아는 것은 관계를 맺는 데 있어서는 실로 중요하다. 그런 맥락에서 인간미가 넘치고, 인간미가 없고의 판단 기준은 '공감적인 감성 능력'에 있다는 말이 성립한다. 웃어야 할 때 웃고, 지금 어떠한 이야기가 오가고 있는지 파악하고 대처하며 내가 할 말을 적당한 시기에 끄집어낼 수 있는 것 또한 감정이 관여한다. 그야말로 '느낌'을 알아야 한다는 말이다. 말을 잘 못한다고 생각하는 사람들의 대부분은 다른 사람들이 자신을 바라보는 눈빛이나 그들이 자신을 판단할 거라는 감정의 오해에서 비롯된다. 그것은 지나친 감정이입일 수도 있겠으나 오해이다.

그들은 당신에게 관심이 없다. 정말이니 안심하라.

자유롭고 편하게 말하는 사람들의 가장 두드러지는 특성은 자신의 감정에 솔직하고 표현이 분명하다는 것이다. 여기에서 우리는 자신의 감정을 표현하고 이해하는 데 얼마나 익숙한가를 살펴보아야 한다.

예전에는 자신의 감정을 잘 드러내지 않는 것이 미덕으로 여겨졌다. 어릴 적에 만화 〈캔디〉 주제가를 흥얼거리며 자라난 세대에게 "참고 또 참지, 울긴 왜 울어~"라는 가사는 자신에게 힘을 주고 다짐하게 하며 자신을 캔디에게 투사시키며 용기를 얻었다. "모난 돌이 정 맞는다.", "나서지 마라.", "남자는 인생에서 세 번 운다.", "화내는 사람이 지는 거다.", "아버지는 강하고 책임감이 있어야 한다." 등. 이처럼 우리의 감정을 표출하는 것에 대해 경박한 것으로 여기며 또한 암묵적으로 자신의 감정을 바라보는 것에 대해 힌기힌 사람이나 자기민 아는 사람으로 여기게 하는 기제를 통해서 억압당했다. 그중에서도 단연 최고봉은 "착하다."라는 말이다. 우리는 착한 사람이 되거나 그렇게 보이기 위해서 나의 감정은 무시해야 했다. 특히 화나거나 짜증 나거나 우울해 보이는 감정들은 다른 사람에게 피해를 주며 나는 착한 사람이어야 하기 때문에 양보하고 배려하며 괜찮은 척 웃음을 지어 보여야 했다. 나의 감정은 무시해야 했고 그러면서 감정을 표출하고 알아차리는 것에 익숙하지 못한 우리는 느낌도 잘 모르고 말도 제대로 못하며 나아가 관계를 맺는 데도 어려움을 호소하게 된 것이다. 이외에도 여러 가지 자신의 감정을 단순화시키고 없애는 억압의 관념들이 우리를 짓눌렀다. 그래서 우리는 말을 못하는 것이다. 다시 말해서, 자신의 감정 하나 제대로 표현하지 못하는 것이다. 그 이유는 지금 일어나는 내 감정이 무엇인지조차 모르기 때문이다. 그러니 말로 표현할 감정이 없고 착한 사람은 되었는데 왠지 모를 분노와 우울감이 자신을 사로잡는 것이다.

감정은 배설해야 한다.

고인 물이 썩고, 물이 흐르는 곳에 있는 돌에는 이끼가 끼지 않듯이 내 감정도 흐르게 해야 한다. 앙금이 쌓이지 않게 내보내야 한다.

공기를 넣은 풍선을 생각해 보라. 한쪽을 누르면 누른 쪽은 쏙 들어가지만, 다른 곳이 불룩 튀어나온다. 풍선 효과는 경제 용어만이 아니다. 금방 효과는 있는 듯하나 다른 곳에 문제가 생기는 것이다. 안에 있는 공기를 다 빼내야 건강해지는 것이다. 그렇지 않으면 언젠가는 터지거나 바람이 새어 나가 힘없는 풍선이 되기 마련이다. 이것은 필연이다. 요즘에 나는 분명히 아픈데 병원에 가면 아무런 이상이 없다는 진단을 받고 되돌아오는 사람들이 많다. 그것은 심리적인 이유가 거의 대부분인데 이것은 몸과 마음이 연결되어 있다는 증거다. 마음을 치유하면 외과 승상 외에도 내과적인 소선의 몸의 병은 어느 정도 호선이 가능하다. 치유되지 않은 마음이 몸으로 전이되는 이 상태를 심리학적인 용어로 '신체화 증후군', '신체화 장애'라 한다. 마음의 영역을 이성으로 정리하고 닫아 버리며 자신의 감정을 속이거나 갈등이 반복되어 살아온 결과가 생각지도 않은 다른 곳에서 나타나는 것이다. 갑자기 또는 반복적으로 두통이 심하거나, 허리가 아프거나, 심장이 아파서 병원에 가도 내과적으로는 아무런 증상이 없다. 문제는 환자는 아프다고 호소하는데 진단상으로는 아무렇지도 않다는 것이다. 이유는 극심한 '스트레스'를 스스로 인지하지 못해서 배출하지 못하고 안고 있으니 풍선의 한쪽을 누른 것처럼 다른 곳이 튀어나와 생각지도 않은 증상이 생기는 것이다. 감기에 걸리면 몸살이 나는 것은 잠시 쉬라는 신호이듯이 우리 몸은 살기 위해 몸부림친다. 스트레스는 내부나 외부에 의해서 감정이 제대로 흐르지 못하게 가둬 놓거나 방치되었을 때 나타나는 상태나 현상을 일컫는다. 내 안에서 뱉어 나와야 할 감정이 머물러 있으면 스스로 위축되고 표현력이 떨어지며 상대나 자신의 감정을 잘 알아차리지 못하기 때문에 대인 관계에 좋은 영향을 미칠 리 만무하다.

화가 나는지, 짜증이 나는지, 우울한지, 슬픈지, 억울한지, 기분이 좋은지 자신의 상태를 알아차리고 느끼는 연습을 해라. 느꼈다면 표현하라. 나쁜 사람으로 보이거나 약한 사람으로 보일까 봐 두려워하지 마라.

오직 당신의 행복한 기분이 유지되는 데 집중하라.

화가 났으면 화났다고 말하라. 상대의 어떠한 행동이나 말로 인해 마음이 상했다면 이후에라도 말하라. 다른 모든 사람에게 당신이 굳이 착한 사람으로 비칠 필요나 이유는 없다.

말이 서툴다면 글이나 그림, 또는 어떠한 방식으로든지 표현하라. 그래야 말 잘하는 것은 뒤로하고서라도 우선 당신이 산다.

엄마를 배려하는 아기를 보았는가.

아기는 배고프면 운다. 젖 달라는 것이다.

울어야 엄마가 젖을 물려줄 것 아닌가.

제발 자신을 사랑하라.

그 표정, 그 말투, 그 말

서러움이 가슴에 박혀서 지워지지 않을 때.

그는 그해 여름을 그렇게 기억하며 울었나.

그림 그리기와 상상하기를 좋아하는 내성적인 그에게 무엇을 하는지 알 수 없는 수련회의 강제적인 프로그램과 선생님들의 방임도 아닌 무관심에 지쳐갈 즈음, 유일한 탈출구인 휴대폰까지 선생님에게 빼앗겼을 때 그는 정말이지 집에 가고 싶었다. 아빠나 엄마에게 나를 여기에서 탈출시켜 달라고 하소연하고 싶었다.

그러던 둘째 날 오후. 구원자인 아빠가 왔다.

일 때문에 온 아빠는 이리저리 분주했고 그런 아빠에게 다가가 말했다.

"아빠⋯. 나 너무 힘들어요⋯. 집에 가면 안 돼요?"

그런데 '이제 이곳을 탈출할 수 있겠구나.' 하며 기대에 찬 아들에게 돌아온 대답은 무참했다.

"그걸 왜 나한테 말해⋯. 남자가 이런 것 하나도 못 견디고 어디에 쓰냐⋯? 엄마한테 물어봐."

아들은 절망했다. 지금도 잊히지 않는 그 표정, 그 말투, 그 말.

아빠에게 휴대폰을 빌려서 간절한 마음으로 엄마에게 말했다. "엄마⋯. 나 여기서 데리고 가 주면 안 돼?"

"왜, 무슨 일 있어? 울 아들 잘할 거야. 하루만 있다 오면 되는데, 뭐. 조금만 참고 내일 만나자."

그는 그해 여름을 그렇게 기억하며 울었다.

그의 마음을 조금이라도 알아보려 하지 않았던 아빠의 그 표정과 말투에 그는 절망하고야 말았다.

"아빠가 어떻게 해 주었으면 좋겠어요?"

"그냥 아무것도요⋯. 아무것도 안 했으면요."

"그래도 아빠가 잘 대해 주는 것 같던데요?"

"네⋯. 잘 대해 주세요. 그런데 지워지지가 않아요."

나의 말은 상대의 가슴에 박히고 그렇게 박힌 말은 상대가 그의 온 삶을 해석하는 척도가 된다. 말에 사랑을 담으면 그의 삶에 꽃이 피고 말에서 사랑을 빼면 그의 삶에 가시가 돋는다.

상처가 되는 말을 모두가 오랜 세월 동안 기억하고, 그 안에서 미움이 자라는 것은 아니겠지만 그 말은 흔적이 되어 내 무의식 어딘가에 자리 잡으며 자아가 아직 덜 형성된 어린아이이거나 자존감이 낮거나 마음이 여린 사람일수록 치유하는 데 오랜 시간이 걸린다. 사랑이 없는 말은 가시가 되어 자신과 상대에게 상처를 준다.

서른을 훌쩍 넘긴 어느 남자의 고등학교 3학년 시절 비 오는 날.
"아빠…. 비가 많이 오는데 우산 좀 갖다주세요."
"남자 자식이 이 정도 비 가지고 우산을 갖다 달래? 친구랑 쓰고 오거나 맞고도 다녀야지…. 나는 이 정도 비는 맨날 맞고 다녔어. 남자가 약해 빠져가지고."
그는 비를 철철 맞으며 일부러 천천히 걸어왔다.
그 이후로 아빠를 지웠다.
그 느낌, 그 말투, 그 말.

모든 것은 하나의 사건으로만 바라보면 답이 나오지 않는다. 잦은 언어폭력과 사랑의 부재가 켜켜이 쌓이고 쌓여서 어느 사건과 만났을 때 폭발하여 씻을 수 없는 결과를 초래하는 것이다. 부부싸움도 마찬가지인 것처럼 말이다. 대한민국 부부 이혼 사유로는 성격 차이가 가장 많은데 그 안을 들여다보면 가시 돋친 말과 내 마음을 알아주지 않는 야속함이 복합적으로 작용한 일종의 '서운함'이 근본적인 원인일 것이다.

원자탄이 터지면 모든 것은 초토화되고 몇십 년에 걸쳐서 회복이 서서히 진행되는 것처럼, 상처는 쉽게 아물지 않는다.

그러나 사람의 말은 상처를 주기도 하지만, 그 안에 사랑을 담으면 치유의 언어가 되기도 한다.

말 한마디에 사람이 죽고 살며 누구나 사랑을 원한다. 사람에게 필요한 건 사랑이지, 권면이 아니다.

그 말투, 그 표정, 그 말로 인해 누군가 상처를 받아 서러움이 가슴에 박혀서 지워지지 않을 때 서러운 사람이 당신이라면 당신을 서럽게 한 그에게 말하라. 용기를 내서 말하라. 이러한 행동을 결코 당신의 속이 좁은 사람처럼 보일 것 같다며 미루지 마라. 그때 당신이 이렇게 말해서 서러웠다고 말하고 사과와 위로의 말을 들어라.

그럴 때 비로소 당신 안의 서러움이 사라질 것이다.

또한, 당신이 누군가에게 대못을 박은 당사자라면 진심으로 그에게 사랑을 담아서 말하라.

말로써 상처받은 사람의 마음은 사랑의 말이 답이다.

내가 사람의 방언과 천사의 말을 할지라도 사랑이
없으면 소리 나는 구리와 울리는 꽹과리가 되고

– 고린도전서 13:1

살리는 말 대 죽이는 말

나의 입에서 나온 말이 나의 인생이 된다.

우리는 말을 한다. 생각이 말이 되어 표현되기에 넓은 범주에
서 보면 생각 또한 말이다.

밝은 생각은 긍정의 말을 하고 힘을 주고 사람을 살리지만, 어
두운 생각은 원망과 불평의 말을 하게 하고 의욕을 상실케 하며
사람의 마음을 죽인다.

말은 움직이고 에너지가 있어서 살아있는 모든 것에 영향력을
행사한다. 위엄 있는 말, 하나 마나 한 소리, 감동적인 말, 마음
을 아프게 하는 말, 힘을 주는 말. 우리의 생각은 말이 되고 습
관이 되고 품성이 되고 인생이 된다. 말은 사라지지 않고 "내가

한 말은 우주를 떠돌다 결국 자기에게 온다."라는 말을 니는 믿는다.

자녀가 잘되기를 바란다면 자녀를 축복하라. 이 세상에 완벽한 사람은 없다. 자녀가 부모의 마음에 흡족하지 않아도 부족한 사실만을 보지 말고 자녀의 미래를 밝게 보고 축복하라. 그말과 표정이 자녀를 살리고 부모를 살린다.

모든 사람은 행복을 꿈꾼다. 행복하게 살고 싶다면 자신이 바라는 그 삶을 이야기하라. 가까운 미래 혹은 먼 미래에라도 행복해지고 싶다면 지금 그 언어를 선택하라. 내가 말한 대로 된다고 나는 믿는다. 지금은 보이지 않아도 꼭 그렇게 된다.

기왕이면 좋은 말을 하고 상대를 기쁘게 하라.

자신을 통해 한 사람을 미소 짓게 한다면 이미 커다란 복의 길로 접어든 것이다. 거울을 보면 내가 보이듯이 당신이 미소 짓게 한 그 사람의 표정과 말과 기운이 당신의 삶을 만질 것이다. 누군가 당신을 통해서 억울함이 생겼다면 즉시 풀어 주고 마음을 상하게 했다면 사과하고 위로하며 고개를 숙여라. 당신을 통해 한 사람의 인생이 살맛 나고 풍요로워진다면 이 얼마나 행복한 일인가.

나는 물론 아내가 해주는 음식이 맛있지만, 어릴 적부터 어머니가 해 주는 두부조림을 좋아한다. 어느 날 아침, 아내는 출근하고 어머니는 아들이 좋아하는 두부조림을 하셨다. 나는 두부조림에 밥을 두 그릇이나 비웠고 어머니는 흐뭇해하셨다.

예전부터 전해져 오는 말에 "논에 물들어가는 것과 자식 입에 밥 들어가는 것만큼 아름다운 건 없다."라고 했던가, 어머니는 자신이 해 준 음식을 마흔을 한참 넘긴 자식이 맛있게 먹어 주니 흐뭇하셨던 거다.

어머니가 말씀하셨다. "맛이 어때?" 어머니는 무슨 말을 듣고 싶은 것이었을까. 물론 "맛있다.", "엄마 최고!"라는 말을 듣고 싶은 거다.

나는 뻔한 말보다 어머니를 더 기분 좋게 해드리려고 이렇게 말했다.

"엄마, 나는 이 세상에서 엄마가 해주는 두부조림보다 맛있는 반찬을 먹어 본 역사가 없어."

어머니는 나에게 말했다.

"재규야. 너는 말을 참 예쁘게 해."

그날 저녁 강의를 마치고 돌아와 소파에 앉아있는 나에게 어머니가 쓱 다가와서 내 손을 잡더니 이렇게 말씀하셨다.

"재규야. 엄마가 오늘 온종일 기분이 너무 좋았다. 보약 백 첩

먹은 것보다 낫다."

말 한마디에 사람이 죽고 산다.

말을 예쁘게 하고 복이 되고 덕이 되는 말을 하자.

원망의 말이 아닌 축복의 말을 하자.

그 말이 우리의 인생이 된다.

"… 너희의 말이 내 귀에 들린 대로 내가 행하리니." 성경에 나오는 이 구절을 읽고 나는 놀라고 경직되어 다짐했다. 나를 살리고 쓰러져가는 인생을 살리고 사람들을 살리는 그런 말을 하자.

> 여호와께서 모세와 아론에게 말씀하여 이르시되 나를 원망하는 이 악한 회중에게 내가 어느 때까지 참으랴 이스라엘 자손이 나를 향하여 원망하는 바 그 원망하는 말을 내가 들었노라 그들에게 이르기를 여호와의 말씀에 내 삶을 두고 맹세하노라 너희 말이 내 귀에 들린 대로 내가 너희에게 행하리니
>
> – 민수기 14:26-28

죽는다 대 먹는다

먹고 죽은 귀신은 때깔도 곱다.

이어령 교수님이 쓰신 『디지로그』라는 책에서 말에 대해 언급한 구절이 있다. '죽는다.'와 '먹는다.' 우리는 이 말의 뉘앙스를 어느 나라에서도 사용하지 않는 뜻으로 사용한다. "배고파서 죽겠다.", "힘들어서 죽겠다.", "좋아서 죽겠다."

좋아도 죽고 싫어도 죽는다는 말이다. 우리나라에서는 강조의 의미로 사용되지만, '죽겠다.'라는 단어 자체가 부정적이기에 그 말은 우리의 마음을 죽인다. 또 우리는 '먹는다.'라는 말도 종종 사용한다. "나이를 먹는다.", "욕을 먹는다.", "친구 먹자." 등. 예전에 권투선수인 홍수환 선수가 한 말은 유명하다.

"엄마. 나 챔피언 먹었어!" 배고팠던 민족이어서 그런지 먹는다는 말도 많이 사용한다.

그런데 '먹는다'는 표현 중에서 가장 좋은 말이 있다.

바로 '마음을 먹는다.'이다. 먹으면 내 것이다. 나와 나의 인생을 위하여 좋은 것을 먹자.

좋은 마음을 먹자.

사람들은 건강이 제일이라며 좋은 것을 먹으려 한다. 그러나 좋은 음식을 먹는 것보다 좋은 마음을 먹는 것이 더욱 중요하다.

몸에 좋은 음식을 먹는다고 건강하게 오래 사는 것이 아니다. 몸과 마음은 통한다. 연결되어 있다.

〈KBS 스페셜〉 '마음 제1편 - 마음, 몸을 지배하다'에 나온 토끼에 대한 실험이 그것을 증명한다.

흔히 우리는 높은 콜레스테롤의 섭취는 비만이 되고 고지혈증이나 동맥경화에 걸려 건강이 악화된다고 생각해서 피하곤 한다.

이 실험에서는 달걀 10개, 삼겹살 4kg, 닭 5마리에 해당하는 높은 콜레스테롤 음식을 토끼에게 먹이며 5주 동안 친밀군과 스트레스군으로 나눠서 실험을 했다.

먹이를 줄 때마다 동물 소리를 내고 몸을 찌르는 등 스트레스를 가한 토끼는 동맥경화 및 고지혈증에 걸리고 눈에 백내장까지 왔다.

반면에 같은 음식을 먹었는데도 먹이를 줄 때마다 쓰다듬어주고 안아 주어서 친밀감을 많이 느낀 토끼의 간은 정상이었고 비교군과는 색 자체가 확연하게 달랐다.

먹는 음식도 물론 중요하지만, 마음의 안정감과 기쁨이 중요하다. 토끼도 그러한데, 사람은 오죽하겠는가. 좋은 것만 그리 많이 드시던 외삼촌도 늘 걱정과 근심을 많이 하시다가 이른 나이에 유명을 달리하셨다. 피죽만 먹어도 마음이 기쁘면 몸도 기쁘다. 감사하며 오늘을 살아라.

동물과 달리 사람은 말을 한다. 말한 대로 우리 몸이 반응하고 생각하고 느낀 대로 형성된다.

'마음을 먹자.' 좋은 것으로 마음을 채우자. '과거는 감사하고 현실에는 희망을 가지고 미래는 맡기자.' 나에게 유익이 되는 것으로 나를 채우자.

믿음의 말

말한 대로 된다. 이것은 진리다.
너희 말이 내 귀에 들린 대로 내가 행하리라.

"우리가 고속도로를 달리면?"
"길이 하나도 안 막혀!"
"혹시라도 길이 막히면?"
"금방 뺑 뚫려!"

아들과 어머니의 대화다.

어릴 적부터 할머니는 손주에게 어떤 일에도 긍정적으로 말하는 것이 너의 복이라고 가르치셨다. 고속도로뿐만 아니라 우리가 가는 인생길이 언제나 뻥 뚫리는 건 아니듯이, 실제 상황은 별반 다르지 않을 것이다. 그러나 같은 상황에서도 말이 바뀌면 환경은 그대로지만 나의 시선은 다른 곳을 향하게 된다. F1 경주에서 코너를 돌 때 벽에 부딪히지 않는 방법은 고개를 벽이 아닌 다른 쪽으로 돌리는 것이다. 그러면 핸들을 잡은 손도 고개를 돌린 방향으로 움직이게 되어 벽에 부딪히지 않게 된다. 다른 곳을 보면 다른 생각과 다른 말을 하게 되고 다른 선택을 하며 다른 인생을 살게 된다.

아들은 언제나 긍정적이다. 길이 막히는 건 사실이지만 그 사실만 바라보면 사람은 좌절하고 부정적으로 변한다. 그렇다고 매일 몽상을 하며 뜬구름을 잡듯 현실을 외면하고 살라는 말이 아니다. 가끔 막힌 길에서 짜증 내고 투덜거리는 아내와 나에게 아들은 말하곤 한다.

"좀 있으면 뻥 뚫릴 거야… 막혀도 조금씩 가다 보면 언젠간 가겠지!" 똑같은 상황도 내가 어떻게 말하느냐에 따라 생각과 분위기는 달라진다.

말하지 않으면
귀신도 모른다

"그게 되겠어?", "안 될 거야."라고 말하면 안 될 확률이 높고 "할 수 있어", "잘될 거야."라고 말하면 잘될 확률이 높다. 벚꽃이 바람에 날리는 걸 보면 대부분의 사람은 아름답다고 말할 것이다. 그러나 간혹 이렇게 말하는 이들도 있다면 어떤가?

"저거, 비 오면 다 떨어진다."
"청소하는 사람 힘들겠다."
"저거, 일본 놈 꽃인데."

이 말들은 모두 사실이다. 그러나 사실이지만, 화사하고 아름다운 벚꽃의 숭요한 것을 외면한 채로 말하는 사실일 뿐이다. 부정적이고 현재를 누릴 줄 모르고 걱정과 근심에 사로잡혀 있으며 고난이 오지 않기만을 빌고 또 빌며 두려워하는 사람들은 꿈이 없다. 그 입에서 나오는 말에 복이 따라올 리 만무하며 자신과 상대방에게 걱정과 불안을 주어 위축되는 느낌만을 전달할 뿐이다. 사람은 희망을 먹고 자란다.

긍정적이고 공감 있는 말은 의사소통할 때 자신이 더욱 풍성해지고 생각이 확장되며 신선한 아이디어가 떠오르게 하기도 하고 물론 다른 이들에게도 생각을 확장해 주는 효과를 일으킨다.

생각을 해야 말이 나오는 것이고 생각은 오랜 습관의 관성과도 같은 것이다. 너무나도 자연스럽게 드는 생각. 그것은 이미 당신의 뇌와 온 삶을 통해 콘크리트처럼 굳어져 버린 것이다. 말은 생각을 조종한다. 그 생각이 습관이 되어 삶을 조종하고 결정지으며 온 인생에 영향력을 행사한다. 결국 말이 생각과 인생을 바꾸는 것이다.

성경에 이런 구절이 있다.

네 말이 내 귀에 들린 대로 내가 행하리라

"요즘 힘들어 죽겠어요. 살고 싶지 않아요. 잘 안 될 것 같아요. 제가 하는 게 뻔하죠, 뭐."

말은 힘이 있어서 말하는 대로 된다. 믿음의 말을 하자.

나와 다른 이들을 위해서 힘이 되는 말을 하자.

말이 그 사람의 심상(心想)이다. 말이 마음을 만들고 행동을 만들고 인생을 만든다. 이도 저도 아니면 차라리 긍정적인 말을 하자.

안 좋은 것이 오지 않게 바라기보다 좋은 것이 오도록 기도하자. 더욱 그리하자.

말이 곧 자신이고 말한 대로 된다. 이것은 진리다.

악한 말

악한 말을 하려거든 입을 다물라.

악한 말은 나쁜 말과 다르다. 나쁜 말의 사전적 의미는 '다른 사람이 들으면 그 사람에 대한 호감도가 떨어질 수 있는 말 또는 좋지 않은 말.'이다. 욕이나 비속어 같은 나쁜 말은 성숙도나 깨달음의 부족 또는 환경의 영향을 받아서 평소의 언어 습관에서 오는 경우가 많으며 자연스럽게 몸과 마음에 장착되어 부지불식간에 습관처럼 나오게 되는 말이나. 이러한 경우에 나오는 나쁜 말은 잘못된 언어 습관이기에 좋은 말과 나쁜 말을 구별할 수 있도록 도와주고 자신의 입에서 나오는 나쁜 말로 인해 상대가 느낄 감정의 사례들과 온전히 그 감정과 마주하고 헤아리고 알아채는 감성 훈련을 통하여 경험하게 하면 한결 순화될 수 있다. 나아가 자신이 상대에게 비칠 이미지를 느끼고 바라보게 하고 긍정적인 말이나 언어 순화 연습을 통하면 공감 능력 부족과 무지에서 기인한 나쁜 언어 습관은 어느 정도 해결할 수 있다.

그러나 악한 말은 이야기가 다르다.

악한 말은 상대의 영혼을 파괴하며 온갖 거짓과 모략으로 점철된 사람의 영혼은 악한 것에 사로잡혀서 이미 지신도 그것을 믿기에 이른다. 의도적으로 상대를 공격하여 곤경에 처하게 하거나 생각을 궤멸시켜 결국 자기에게 유리한 쪽으로 가지고 가려고 하는 의도가 깔려있기에 악한 말은 나쁘다. 이러한 이유로 악한 말은 습관이나 성숙하지 못함에서 오는 무지의 소치가 아니라 지극히 악랄하며 다분히 의도적이기에 말한 사람의 성품과 가치관이 드러나며 이를 통해 목적이 달성되면서부터는 공감 능력의 상실을 초래한다. 악한 말은 말한 사람이나 들은 사람 누구에게도 유익이 되지 않으며 영혼을 갉아먹어 파멸시킨다.

악한 말은 저주와 비아냥거림을 동반하고 거짓과 뻔뻔함으로 상대의 마음을 후벼놓으며 심한 상실감과 허탄함으로 인간의 존엄성마저 말살시킨다.

사람은 말을 먹고 살아간다. 한마디의 말로 죽기도 하고 살기도 하는 영혼이 있는 존재다.

기쁨과 희망을 주는 영양이 풍부한 말은 사람의 마음을 튼튼하게 하며 얼굴을 밝게 하고 보약 백 첩보다 나은 효과가 있다. 간장에 밥을 비벼 먹어도 좋은 말을 하고 들은 사람은 건강하고 산해진미를 먹어도 입이 거칠고 악하게 말하는 사람은 몸과 마음이 건강할 리 만무하다. 말에는 생명력이 있고 몸과 마음은 연결되어 있으며 자신의 입에서 나오는 말을 자신도 듣고 먹는

말하지 않으면
귀신도 모른다

다. 그러한 이유로 마음을 악하게 먹고 말을 악하게 하는 사람의 얼굴은 거칠고 뻔뻔하며 무섭게 변해 간다.

최근 한 정당 사람들이 쏟아내는 말을 들으며 헛웃음을 지나 불쾌함을 넘어 자괴감이 든다.

나는 조롱당하고 공격당하는 그 말의 당사자가 아님에도 불구하고 나 자신이 부끄럽고 천박해지는 것 같아서 언급하기도 창피하다. 예의나 품격은 그렇다 치더라도 최소한의 수준이나 배려라고는 찾아볼 길이 없고 그저 깎아내리고 몰아붙이며 공격하면 자신이 올라살 거라 착각하는 듯한 가증하고 유치한 언행들. 공감 능력과 감성은 어디로 간 건지, 혀를 내두를 지경이다. 어찌 이리도 어리석단 말인가.

말만 잘해도 중간은 간다. 할 때와 하지 말아야 할 때를 알고 할 말과 안 할 말을 구분할 줄 알아야 하는 것처럼 말은 똑똑하게 해야 한다. 똑똑하게 말한다는 것은 같은 말이라도 모두가 살 수 있는 품격 있는 언어를 사용하는 것이다. 다른 생각을 가진 정당끼리 서로 공격하는 말을 주고받는 것은 당연하지만, 사람에게는 양심과 상식에 어긋나지 않고 품격을 유지해야 하는 이유가 있다. 사람이기 때문이다. "사람이니까 악한 거야."라고 말하면 더 이상 할 말은 없다. 사람이니까 선하게 말해야 한다.

악한 말이 나오려거든 입을 다물어야 한다. 사람은 영혼이 있는 생령이기에 서로를 살리는 말을 해야 산다. 자신의 입에서 나온 말은 자신도 먹고 온 우주가 먹는다. 말에는 파동이 있어서 자신이 무심코 뱉은 말이라도 누군가에게는 영향을 미친다. 왜 그리도 어리석은가. 당신이 말을 해서 화가 풀린다면 말하라. 말을 안 하고서는 못 견디겠다면 말하라. 그러나 입에 칼을 물고 악하게 말하지 마라. 그래도 말하고 싶다면 "이렇게 되니 속상하다."라고만 하라. "내 의견이 받아들여지지 않으니 마음 아프다."라고만 말하라. 그리고 어렵겠지만 축복하라.

이것은 상대를 위함이 아니라 당신을 위함이다. 자신의 감정만 내어놓고 상대를 축복하는 말을 하는 것은 결국 나에게 유익이 되고 서로의 영혼이 맑아질 것이다.

부디 악한 말을 하려거든 입을 다물고, 선한 말을 위해 입을 열라. 그것이 우리에게 유익하다.

말, 그 한마디의 차이

말 한마디가 생각을 바꾼다.

은행에서 번호표를 뽑고 한참을 기다리는 고객의 마음 상태는 어떨까? 물론 이해하고 어쩔 수 없이 인내하는 고객도 있겠지만, 대개는 스멀스멀 짜증이 올라올 것이다. 드디어 한참을 기다린 고객의 번호를 불렀다. 화를 참으며 창구 앞에 간 고객에게 창구 직원이 하는 말.

　"오래 기다리게 해 드려서 죄송합니다."

　이 말을 들었을 때 고객의 마음은 어떨까.

　화나고 짜증이 나며 왠지 보상받고 싶기까지 할 것이다. 그렇다면 오래 기다린 고객에게 창구 직원이 이렇게 말한다면 어떨까.

　"기다려 주셔서 감사합니다."

　이 말을 들은 고객은 아무리 그전에 화가 났더라도 화를 내지 못할 것이다. 고객 자신이 기다려 준 행위가 창구 직원에게 은혜를 베푼 것이 되기 때문이다. 좋은 일을 한 것이다. 순간 선행과 은덕을 베푼 좋은 사람이 되었는데 화가 나겠는가.

　비슷한 예로 엘리베이터 안내 멘트가 있다.

　엘리베이터 문이 닫히고 움직일 때의 멘트는 회사마다 다르겠지만, 이런 멘트를 들으면 기분이 좀 그렇다.

　"오래 기다리셨습니다. 올라갑니다."

　의도는 알겠으나 이 멘트를 입력한 엘리베이터 직원의 마인드가 이 정도라는 것이다.

상대에 대한 미안함과 예를 갖추는 말을 할 때, 부정적인 단어는 그 기대를 반감하는 경우가 많다.

예를 들어, 내가 잘못했음에도 불구하고 상대가 용서하고 이해해 줬다면 어떻게 말하는 것이 좋을까. "죄송합니다. 다음부터는 이런 일이 없도록 하겠습니다." 여기서 멈추지 말고 한 마디를 덧붙여라! "이해해 주셔서 감사합니다."

사람은 자신이 누군가에게 필요하고 중요한 사람이 되었다고 생각될 때 존재감과 함께 행복감을 느끼므로 상대에게 그런 느낌을 줄 수 있는 말을 한다면 관계는 더욱 좋아질 것이다.

말 한마디의 차이가 생각을 바꾼다.

'유통기한'과 '상미 기간'은 느낌이 어떤가.

'유통기한'은 해당 상품을 유통하고 판매할 수 있는 기간을 말하는 것 같고 '상미 기간'은 맛이 유지되는 기간을 말하는 것 같다. 외국에서 제품을 사면 'Best Before'라는 표현을 접한다. '유통기한'이나 '상미 기간'이나 'Best Before'나 모두 비슷한 의미이지만, 그 느낌은 사뭇 다르다.

이것이 관점의 상이함이다. 같은 말이라도 표현을 예쁘게 하면 기분이 좋다.

유통기한은 말 그대로 유통할 수 있는 기간이다. 즉, 유통업

체 입장에서 식품 등의 제품을 소비자에게 판매해도 되는 최종 시한을 말한다.

상미 기간(Best Before)은 한마디로 표기된 날짜 전에 먹으면 최고라는 말이다. 네이버 지식iN 오픈 사전을 보면 상미 기간(賞味期間)은 'BBD(Best Before Date)라고도 하며 제품을 맛있게 먹을 수 있는 기간 또는 품질의 변화가 거의 일어나지 않는 기간' 이라고 쓰여 있다.

어떤 표기가 좋은가? 굳이 말하자면 유통기한은 기업의 입장이고 상미 기간은 고객 입장에서의 표기라 할 수 있다. 누구의 입장에서 말하느냐에 따라 말의 맛이 달라진다. 사람은 이성보다 감성에 끌린다. 정확한 정보를 더욱 중요하게 여기는 사람도 있지만, 대부분은 감성에 반응한다. 말 한마디에 기분이 달라진다.

나와 상대가 살아난다. 다시 봐도 기분이 상쾌해지는 말이 답이다.

자존감

아이에게 꼭 먹여야 하는 감은 자존감이다.

아늘이 초등학교 2학년이던 어느 날, 할아버지가 물었다.

"현서야. 너 공부 잘해? 몇 등이야?"

"음…. 중간! 아! 근데 상윤이보단 잘해…. 그건 확실해!"

"역시 이 녀석, 자존감 하나는 최고야."

"아빠! 자존감이 뭐야?"

"음. 자기가 최고라고 생각하고, 자기를 존중하고 사랑하는 마음?"

"아빠! 어제 내 뒤에 있는 지호가 갑자기 나더러 너는 성격이 어떠냐고 물어보더라? 그래서. '해맑다.'라고 했어! '나는 해맑은 성격이야!'라고! 잘했지? 나 자존감 좋지?"

"해맑은 성격? 으음, 잘… 했네…. 자존감 최고네…."

사람이 살아가면서 간직하고 지속해서 높여 가야 하는 것 중의 하나가 '자존감'이다.

'자존감'은 자신을 존중하고 사랑하는 마음임과 동시에 인간관계를 건강하게 유지하게 하는 에너지 역할도 감당한다. '자존감'이 강하면 키가 작거나 배우지 못했거나 돈이 없거나 못생겨도 괜찮다는 마음을 갖게 된다.

어려움이 오거나 우울함이 혹여 자신을 눌러도 금세 훌훌 털고 일어날 힘을 가지게 되는 것이다. 자존감은 어릴 적부터 형성된다. 간단하게 말하자면 사랑과 칭찬을 많이 받은 사람은 자존감이 높고, 그렇지 못한 사람은 낮다.

　내가 학교에 다닐 땐 선행상, 개근상, 정근상, 우등상 정도밖에 없었던 것 같은데, 언제부턴가 학교에서 아이들에게 자존감을 키우고 바른 학교생활을 하게 하는 교육의 일환으로 여러 가지 상 이름을 만들어서 주었다.

　개인적으로 아주 바람직하다고 본다. 상을 받는 아이는 뿌듯한 마음과 함께 혹시 상장의 내용과 자신의 모습이 조금 다르다면 더욱 노력하는 모습도 갖게 될 것이기 때문이다.

　또한, 선생님과 수위 친구들에게 받는 기분 좋은 메시지와 상을 받은 자신이 느끼는 긍정의 에너지는 이후 그의 인생에 있어서 살아가는 힘을 더욱 굳건하게 할 것이다.

　좋은 말은 잘 받아먹고 나쁜 말은 받지 말고 뱉어라! 내가 아는 어떤 목사님은 자기는 욕을 먹지 않고 "퉤퉤퉤!" 하면서 다 뱉어 버린단다. 현명한 것이다.

　부모 자신과 자녀를 향하여 긍정적인 것을 보내라!

　분명히 나는 할 수 있다!

　잘했든, 못했든 자신에게 매일 상을 주어라! 그리고 꼭 '최우수상'이라고 써라! 받은 상의 내용과 수가 당신의 건강한 미래이다.

건강한 인생을 살아가는 데 있어서 그 시작과 끝은 '자존감'
이다!

죽었다 깨어나도 자신을 사랑하라!
누가 뭐라 해도 자신을 대단하다 여겨라!
이것은 거만이나 교만이 아니라 자신감이다.
자신을 사랑하는 사람은 남도 사랑한다.
자존감이 높은 사람에게서는 매력이 느껴진다.

어릴 적에 칭찬이나 사랑을 많이 받지 못했다면 지금부터라도
받으면 된다.
거울을 보고 자신에게 말하라. "나는 내가 좋다. 나는 나를
사랑한다."
"나는 아무 이유 없이 내가 좋고 나는 점점 더 나아지고 있
다."라는 말을 반복해서 자신에게 말해 주는 것도 좋다.
받은 것이 있어야 줄 수 있다.
'자존감'이 넘치는 것이 아니라 강해지며 더 건강한 삶을 살기
위하여 자신을 돌아보라.
'자존감'이 높은 사람은 자존심에 상처를 좀처럼 받지 않으며
받더라도 금세 회복한다.
'자존감'은 선한 에너지이며 인간의 삶을 더욱 풍요롭게 하므

로 아무리 강조해도 지나치지 않다.

오늘부터 자녀와 함께 실천하라!
"나는 괜찮다!"
"나는 내가 좋다!"
그리고 자녀를 안아주어라. 그러면 다른 이들이 당신과 자녀를 좋아할 것이고 더욱 멋진 자신을 발견하게 될 것이다.
움츠러들지 마라! 모든 것은 느껴진다.
지금은 중학교 3학년이 된 아들.
공부 잘하는 것보다 여전히 밝고 낭성적이고 유머러스한 아들이 더욱 자랑스럽다.

바른말

바른말은 나중에 하거나 하지 않는 편이 낫다.

당신이 누군가에게 도움이 될 만한 좋은 말을 해주었는데 상대가 "맞는 말이고 무슨 말인지는 알겠는데, 기분 나빠." 이렇게 말하거나 생각한다면 어떤 마음이 드는가? 아마 나는 생각하고 말한 건데 상대방이 들을 귀가 없거나 자세가 안 되었다고 생각하고 마음이 상해서 상대에게 대화 단절의 책임을 전가할 수도 있을 것이다.

당신이 상대에게 도움을 주기 위하여 자신도 마음이 불편하지만 나름대로 예의를 갖추고 차분하게 말한 건데도 불구하고 상대가 이렇게 생각하는 이유는 무엇일까. 물론 듣는 사람의 인격그릇의 문제일 수도 있다 치더라도 대부분의 이유는 하나다. 상대의 마음을 알아주는 작업이 선행되지 않았고 오직 바른말만했기 때문이다.

그러나 "그럼 도대체 어떻게 말해야 하는 거야?", "내 생각이나 바른말도 못 하나요?", "어디 무서워서 말하겠나?"라고 단정 지어 평가하고 투덜거리며 물러나기 전에 생각해 보자.

'내가 상대의 기분까지 생각해 가며 말해야 하는 거야?'라고 생각한다면 그것이 맞다. 상대의 기분을 헤아리고 말해야 한다. 이 말은 눈치 보며 말하라는 의미가 아니다. 헤아리라는 것이고 공감하라는 말이다.

특히 상대가 화나 있거나 마음이 불편한 상황에서 당신이 잘 해 보려고 던진 한마디로 상대의 마음이 격동되어 더 화를 불러

일으킨 적이 있다면 그때야말로 해결책 또는 방법만을 이야기해서일 것이다. 여기서 알아두어야 할 것은 효과적으로 바른말을 하려면 차분하게 자신의 의견을 피력하는 것만으로는 부족하며 상대의 마음에 공감하고 자신의 마음 상태를 말한 뒤 하고자 하는 말을 해야 한다는 것이다.

또한, 상대의 마음을 알아주는 것은 중요하며 이보다 앞서야 할 것은 나의 진짜 마음 알기다.

나의 진짜 마음 알기와 상대 마음 알아주기를 모르면 오해가 생기고 화를 내기도 하며 분암이 쌓이고 억울함은 나만의 깃처럼 여겨져 서운하게 된다.

말하자면 나의 진짜 마음을 내가 알아차리고 온전한 그 마음만을 말하며 바른말, 즉 하고 싶은 말은 잠시 멈추고 상대의 마음을 온전히 알아주고 쓰다듬는 작업이 먼저다. 그 이후에 사랑을 품고 상대를 위하는 마음을 가지고 조언하는 말은 상대에게 약이 되고 상황도 매끄러워질 뿐만 아니라 관계까지 좋아지게 만든다. 그 이유는 자신이 누군가에게 온전히 이해받고 사랑받고 있다는 것을 느꼈기 때문이다.

상황보다 사람에 집중하고 그 마음을 들여다보라. 이것이 부부관계, 자녀 교육, 한 걸음 더 나아가 거창하지만, 조직 활성화

의 핵심이다. 마음을 알지 못하고 알아주지 못하는, 그래서 내
마음 하나 이해받지 못하는 관계라면 그 관계는 상하고 찢기며
곪아 터지게 되어 있다.

사춘기 자녀가 부모에게 대들며 큰 소리로 말한다.
"엄마, 아빠가 언제 내 마음 알아준 적 있어?"
부부지간에 다투며 하소연하듯 말한다.
"당신이 언제 내 마음 알아준 적 있어?"
모든 서운함과 꼬임의 원인은 마음을 알아주지 않았기 때문
이다. 다시 말해서 감성과 공감 능력이 부족한 사람은 자신은
예의 바르고 세상 좋은 사람일지는 몰라도 바른말만 하다가 관
계가 엉켜 버리게 되는 참극을 맞이하게 된다.
그런데 사실 지금까지의 한국 사회가 자신의 감정을 드러내고
말하는 것에 대해 배우지도 못했거니와 부끄럽다거나 속 좁은
사람처럼 보일까 봐 이런 모습을 터부시했던 건 사실이다. 다른
말 같지만, 그래서 어른들이 종종 말씀하셨다. "자기 의견이 있
어도 참아라.", "모난 돌이 정 맞는다." 그래서 입 다물고 살았다.
그러나 그 결과는 틀어진 관계, 속을 알 수 없는 사람들, 말하
면 나만 손해 등으로 나타났다. "내 말은 그 뜻이 아니잖아.",
"매번 그런 식이야.", "저 사람은 자기 말만 해…" 이렇듯 대화의
방법을 모르고 답답해하기만 해 왔던 것이다.

관계를 유지하기 위해서 대화는 필수지만, 마음이 먼저다. 대화가 부족해서 관계가 어색하고 불편한 것이 아니라 마음을 알아주지 못하고 내 마음 하나 온전히 말하고 이해받지 못해서 관계가 뒤틀리는 것이다. 마음 알아주기는 온전한 믿음이며 완전한 배려이자 신뢰다.

사람은 변하지 않는다. 상황에 따라 마음이 변할 뿐이다. 그 상황은 자신의 마음이 온전히 이해받았을 때이다. 이해받고 인정받으면 관계는 회복된다. 바른말로 사람을 바꾸려 하지 말고 온전히 알아주어라.

상대를 이해하려 하지 말고 알아주고 인정하라.

나와 같지 않은 사람을 이해하기는 어렵다. 다시 한번 말하지만, 이해할 수 없다면 알아주고 인정하라. 인정할 수 없다면 입을 다물라.

화법

같은 의미라도 말이 다르면 기분이 달라진다.

자기 생각을 표현한다는 것에서 출발한 한 사람의 입에서 나온 말은 그 사람의 인생이며 인격이다. 도구로써의 말은 자기 생각을 표현하고 다른 사람과 의견을 교환하며 관계를 맺고 원활한 삶을 영위해 나가는 데 최적이고 유용하며 사용자에 따라 자기표현과 관계 형성을 극대화하는 데 적은 노력으로 서로에게 높은 만족감을 주는 효율적인 도구임이 틀림없다. 이런 효율적 도구인 '말'을 잘 사용하면 천하를 얻을 수도 있으나 한 번의 말실수는 원치 않는 이미지 실추나 관계의 단절을 초래하기도 한다. 이러한 이유로 말을 어떻게 하느냐 하는 것은 관계 형성에 중요한 의미를 가지며 외모와 더불어 언변을 통한 좋은 이미지가 자신의 가치를 높이는 조건임을 감안할 때 사회인으로서 사람 간의 대화, 곧 화법은 부정보다는 긍정을 지향해야 하고 직설적이기보다는 완곡한 표현이 더 유리하다 하겠다.

그런데 '상대의 기분을 상하지 않게 하기 위해서 말하는 것.'에만 방점을 찍는다면 이런 표현 방식을 아첨한다거나 간지러운 표현이라 생각하는 사람들이 있을 수도 있겠으나 아첨, 아부하는 것과 완곡하게 말하는 것은 다르다. 아첨과 아부는 자기의 안전과 이익을 위하여 잘 보여야 하는 대상을 향해서 상대가 기분을 좋게 하기 위해서만 입에 침도 안 바르고 습관처럼 하는 말이나 행동이라면 완곡한 화법은 사실을 말하되, 상대가 내 말의 취지를 오해하지 않고 자신을 돌아볼 수 있으며 기분이 상하지 않게 말하는 것이다. 가벼운 대화 때도 필요하나 충고나 피드백을 해줄 때 특히 완곡한 표현은 빛을 발한다.

예를 들어, 골프를 치는데 드라이브가 짧은 사람에게 이렇게 말한다면 어떨까.

"사장님은 키도 크고 몸도 좋으신데 드라이브가 생각보다 짧네요? 레슨 받으시면 엄청나게 좋아질 텐데 레슨 한번 받아 보시는 것은 어떨까요?"

당신이 이 말을 들었나고 생각해 보아라. 기분이 어떻고 거슬린다면 어떤 단어가 거슬리는가.

아무리 생각해서 하는 말이라도, 상대가 인성이 좋은 사람이라 하더라도 부정적인 단어에 마음이 걸린다. 이성은 잊었어도 마음은 기억한다.

"짧네요."라고 끝맺은 것도 모자라 "레슨 한번 받아보라."라고 충고까지 했다. 충고는 아랫사람도 아닌 친구 사이에서나 통하는 것이다. 친한 사람 이외에 충고는 기분을 상하게 한다.

그렇다면 같은 말을 이렇게 하면 어떠한가.

"사장님은 키도 크고 몸도 좋으셔서 일반인보다 드라이브가 어마어마할 것 같습니다."

여기까지만 말하라. 당신이 굳이 사실 확인을 해 주지 않아도 상대는 오늘 자신의 드라이브가 평소보다 짧았다는 걸 안다. 이렇게 말하는 것은 아부도 아니고 거짓말도 아니다.

아내가 당신에게 숍에서 새로 머리를 하고 이렇게 물어온다면 어떻게 할까. 왠지 머리가 맘에 들지 않은 아내가 입이 쭉 나와서 말한다.

"나 머리 했는데, 어때? 이상하지?"

"어, 이상해. 머리가 그게 뭐냐?"

설령 누가 봐도 어울리지 않고 누가 봐도 이상할지라도 남편의 대답은 망한 거다. 아내는 남편이 사실대로 정확하고 샤프하고 예리하고 깔끔하게 말해 주지 않아도 오늘 스타일을 망친 걸 안다. 자기가 봐도 이상하다. 그러나 이미 만들어 놓은 헤어를 어떻게 하겠는가.

직설적인 화법은 간단명료하다는 장점은 있으나 사람에 따라 상처를 입을 수 있다. 이때 자신은 솔직하고 거짓말을 하는 성격이 아니라서 그렇게 말했다고 백날 말해 봐야 소용없다. 그런 경우는 드물겠지만, 정말 심하다면 이렇게 말하면 어떨까.

"나 머리 어때? 정말 이상하지?"

"괜찮은데, 왜. 그 전이랑 약간 다른 스타일이네. 볼수록 세련되고 멋진데? 이쪽을 살짝만 만져주면 더 멋지겠다."

여기서 불쑥 튀어나온 팁 하나 추가.

오랜만에 누군가를 만났을 때 우리는 상대에게 이렇게 말한다.

"저번보다 예뻐지셨네요. 볼수록 예뻐지세요."

이런 말을 들었을 때 '뭐야. 그럼 전에는 내가 안 예뻤다는 거야?'라는 생각이 드는 사람은 자존감이 낮거나 상대의 말에 자기식대로 상상을 하는 관계 망상이거나 칭찬을 넣이 받지 못해 본 사람일 수 있다. 상대가 건강한 사람이라면 아무렇지도 않게 "감사합니다. 선생님이 더 예쁘신데요, 뭐."라는 말을 들을 수도 있겠으나 상대가 어떠한 마음의 건강 상태인지를 모르기에 모든 사람을 충족시키고 기분까지 좋게 해 주는 팁을 하나 드리자면 그것은 '더'이다.

'더'만 추가하면 말이 살아나고 기분은 충만해진다.

"저번보다 더 예뻐지셨네요. 비결이 뭐예요?"

그러면 전에도 예뻤고 지금은 더 예뻐졌다는 표현이니 일석이조 아닌가.

긍정적인 완곡한 화법은 상대의 마음에 안정감을 주고 관계를 매끄럽게 한다.

말은 그 사람이 인생과 사람을 바라보는 태도와 절대 무관하지 않다. 아주 밀접하다.

우유부단한 사람이 있다면 신중한 사람으로, 틈도 없이 꽉 막힌 사람이 있다면 원칙주의자로.

성격이 이상하다면 개성이 뚜렷한 사람으로, 잘 나서는 사람이라면 활력이 넘치는 사람으로.

조금만 말을 바꿔도 나의 마음도 바뀌고 상대의 기분도 달라지며 관계는 더욱 생기 넘친다.

밝음

얼굴이 밝으면 마음이 살아나고 말이 빛난다.

말을 잘하고 싶거든 표정을 밝게 하라. 밝은 표정은 산소를 원활하게 공급하여 뇌를 맑게 하고 생각을 긍정적으로 만들며 뇌세포의 자극을 원활하게 하여 단어와 어휘의 연결을 빠르게 진행하여 재치나 순발력이 발달하고 유머러스한 사람이 되며 감성이 풍부해져서 느낌이 충만해지고 말의 길을 확장시키며 창의적이고 활발한 에너지를 창출한다. 말에는 리듬감과 여유가 묻어나며 말뿐만이 아니라 모든 것에 자신감이 생겨난다.

자신감을 가지고 싶다면 표정을 밝게 하라.

자신감이 없다고 말하는 이들의 표정은 어둡다. 말소리가 작거나 부끄러움을 많이 타거나 사람들의 시선을 두려워하는 이유를 자신감이 없어서, 마음이 강하지 못해서라고 말하나 자신의 표정은 간과한다. 표정만 바꾸면 자신감은 덤이다.

노래를 잘하고 싶거든 표정을 밝게 하라. 얼굴 전체의 근육을 펼치며 웃는 얼굴은 밝고 상쾌한 소리를 내는 네 최적의 조건이다. 합창을 지도하는 지휘자가 노래할 때 웃으라고 요구하는 것은 보기 좋게만 하려는 것이 아니라 소리 때문이기도 하다. 고음이 안 나오면 눈을 크게 뜨고 입을 크게 벌려라.

당신의 어두운 표정이 소리가 나올 만한 모든 기관을 막고 있었던 것이다. 슬프거나 장중한 노래를 부를 때까지 웃으라는 말은 아니니, 오해하지는 마시라. 노래할 때의 밝은 표정은 꼭 웃는 얼굴과 일치하는 것은 아니지만, 안면 근육을 펼치고 광대뼈를 올려야 하는 것이 좋은 소리가 나오는 조건임은 확실하니 밝은 표정이 옳다.

친구를 사귀고 싶거든 표정을 밝게 하라.

생각해 보자. 친구를 만났는데 늘 죽을상이면 어디 즐거운 만남이 되겠는가. 친구와의 만남이 항상 즐거워야 하는 건 아니지만, 어두운 표정의 사람은 부정적인 말을 할 확률이 높기에 에너지가 빠진다.

밝음은 밝음을 부른다. 왠지 만나면 기분 좋은 그런 사람이 당신이 되길 바라며 거울을 보고 연습하라. 소리 내지 말고 입모양만이라도 "하. 하. 하. 하. 하. 하."

매력 넘치는 사람이 되고 싶거든 표정을 밝게 하라.

어디서나 환영받는 사람은 어딘지 모를 매력이 있으며 활기가 있고 의욕적이며 좋은 기운을 발산한다. 밝은 얼굴은 경계의 긴장을 늦추거나 허물며 호감을 느끼게 하는 좋은 도구이다. 매력이 있는 사람의 말을 다른 이들이 더 관심을 가지고 잘 들을 거라는 것은 두말하면 잔소리다. 이미지 정치라는 것이 생긴 이유도 이러한 이유에서다. 밝게 웃고 말을 예쁘게 하면 내가 지지하는 정당의 사람이 아니더라도 왠지 싫지 않아지는 것이다.

미모가 뛰어난 것과는 궤를 달리한다. 여유 있는 미소에서 우리는 왠지 모를 자신감과 카리스마에 압도되는 것이다. 왠지 좋아지는 것. 이것은 어마어마한 경쟁력이다. 소유하고 싶지 않은가. 승진하고 싶거든 표정을 밝게 하라.

당신이 똑 부러지게 일을 잘하고 영업 실적도 좋은데 구조조정 명단에 당신의 이름이 있다면 거울을 보고 관계를 고심해 보아라. 일만 잘한다고 해서 상사에게 좋은 점수를 얻는 것이 아니다. 아부를 떨라는 말이 아니다. 내적 건강을 유지하라는 것이다. 몸이 안 좋으면 힘이 없고 만사가 귀찮아지듯이, 마음이 불편하고 음습하면 에너지는 사라진다. 사람은 보이지 않아도 느낄 수 있다. 말 한마디 나눈 적도 없는데 왠지 좋은 사람이 있고 그렇지 않은 사람이 있다. 이유는 표정과 말투 때문이다.

어떤 사람에게 좋은 점수를 줄 것인가. 단언컨대 웃는 얼굴이다.

좋은 아빠, 좋은 남편이 되고 말 잘하는 자녀를 키우고 싶거든 표정을 밝게 하라.

자녀를 말 잘하는 자녀로 잘 키우고 싶다면 자녀를 보고 웃어주고 맞장구쳐 주어라. 아내에게 사랑받고 싶다면 안아주고 웃어 주고 표현하라. 가족을 향한 웃음은 미래와 행복에 관한 이자율 높은 저축이다.

아빠에게서, 남편에게서 받은 사랑스러운 미소와 관심은 절대 사라지지 않는 에너지이며 무한한 신뢰를 형성한다. 말 잘하는 자녀로 키우고 싶다면 웃어 주고 칭찬해 주고 믿어 주어라. 아들에 관한 스피치 상담을 아버지가 한다면 나는 그 아들을 굳이 보지 않아도 어떠한 상태인지 알 수 있다.

결단력이 부족하고 자존감이 낮으며 어둡고 소리가 작고 당연히 말은 어눌할 것이다. 원인은 아빠다. 완벽하거나 강한 아빠에게서 아들은 버티기 힘들었을 것이다. 해결은 아빠가 지금이라도 자식을 인정하고 칭찬하고 바라보고 웃음을 주는 것이다. 그러면 아들은 자신감이 살아나고 말을 자연스럽게 할 수 있다. 오랜 경험을 통해서 얻은 사실이다.

밝음은 힘이 있으며 선한 영향력이다. 밝은 사람을 싫어하는 사람은 없으며 그 밝음이 에너지가 되어 서로에게 힘을 주고 좋은 기운이 생성되며 말이 긍정적이고 유쾌하게 나오고 따라서 매력이 넘치고 좋은 품성으로 발전하며 수용과 이해의 폭도 넓어져서 관계가 부드러워지며 당신의 인생에 지대한 영향을 미친다. 밝음은 이러한 이유로 불변의 진리이다. 관계가 꼬이고 지금 하는 일이 잘 안 풀린다면 당장 거울을 보고 표정을 확인하고 당신이 하는 말들의 단어에 집중해 보아라. 표정은 밝은지, 언어 습관은 긍정적인지 체크하라. 이 부분이 해결되면 흔히들 말하는 복이 굴러들어온다. 밝은 얼굴과 밝은 마음은 좋은 음식과 보약에 비할 바가 아니다. 담배를 자주 피운다고, 술을 많이 마신다고 빨리 죽는 것이 아니다.

만병의 근원은 스트레스라고 의사들도 말한다. 마음이 밝으면

240

긍정적으로 변하고 긍정적이면 꿈과 희망이 생기고 감사할 줄 알며 그러한 일이 생기고 나면 주위에 좋은 사람들이 많아지며 일이 잘되고 그래서 또 웃게 된다. 이러한 사람은 일이 잘 안 되더라도 내일을 바라보며 희망을 가지고 도전하며 기쁘게 생활한다. 선순환인 것이다. 밝은 얼굴은 밝은 마음을 만든다. 말을 잘하게 되는 것은 덤이며 서로에게 선한 영향력을 끼치게 된다. 마음이 편하고 기쁘면 얼굴이 밝아진다.

그러나 마음이 항상 좋은 것은 아니기에 마음 따라 표정이 변한다면 무표정과 우울감이 온 세상을 뒤덮을 것이나. 그러니 표정을 밝게 하고 긍정적인 단어를 말하라. 그중에서도 "감사합니다."는 단연 최고의 처방전이다. 웃는 얼굴과 감사한 마음과 말로 당신의 인생을 송두리째 바꿔라.

까짓것, 한번 해 보지, 뭐!

말이 곧 자신의 삶이다.

아들이 초등학교 1학년 때 쓴 글이다.

아이들이 어릴 적에는 다들 그러하겠지만, 아들 현서도 유난히 지기 싫어했다.

장기를 두다가도 자기가 질 것 같으면 편법을 써서라도 이기려 들었고, 주사위 놀이를 할 때도 자기가 질라치면 떼를 부렸다.

나와 아내는 일부러 져 주기도 하고 어쨌든 아들 녀석이 징징거리지 않고 기분 좋게 해 주려 했다. 그런데 언제나 자기가 최고고, 뭐든지 자기가 제일 잘한다며 한없이 자신만만하고 기고만장해하던 아들 녀석 입에서 언제부터인가 "나 그거 못해!"라는 말이 나오기 시작했다.

초등학교에 엊그제 입학했는데 어린이집에 다닐 때부터 자기보다 공부도, 운동도 더 잘하는 아이가 있다며 자기는 절대 그 아이를 이길 수 없다는 것이다.

'아니, 아들 녀석 입에서 어찌 이런 말이 나온단 말인가?'

나는 살아가면서 지기도 하고 이기기도 하는 걸 인정하는 모습이 생긴 것 같아서 한편으로는 대견했지만, 걱정이 더 컸다. 지는 걸 두려워한 나머지 미리 포기하지는 않을까 해서이다.

그러던 어느 날 컴퓨터가 말썽이어서 바탕 화면에 있는 걸 다 지우고 윈도우를 새로 깔았다.

그런데 일이 터졌다. 요즘 한참 아들과 푹 빠져 있는 '앵그리버드' PC 버전도 같이 지워진 것이었다. 운영체제를 새로 깔다 보니 저번에 아들과 힘들게 깬 판들이 안 깨진 상태로 고스란히 새로 뜬 것이다.

아들은 아주 기초적이고 쉬운 앵그리버드 게임을 생소한 듯 어렵게 깨다가 울상이 되어서 나에게 말했다.

"아빠! 앵그리버드 다 지워 버리자!"

"아니, 왜?"

"새로 다시 깨려니까 힘들고 짜증 나!"

"현서야, 어차피 저번에 현서가 다 깬 건데, 뭐 어때… 즐기면서 하면 되지…"

현서는 다시 해야 하는 게 힘들고, 이미 승리의 기쁨을 맛보았는데, 패배의 잔을 마셔야 한다는 걸 인정하고 싶지 않았던 거다.

그래서 실패할까 봐 두려워서 게임을 지워 버리자고 했던 것이다.

"까짓것, 한번 해 보지, 뭐!"

아들 현서는 나의 입에서 나온 이 말이 재미있는지 내 입을 보고 씩 웃었다. 나는 이때를 놓치지 않고 현서에게 말했다.

"현서야! 한번 따라 해 봐! 까짓것, 한번 해 보지, 뭐!"

그 이후로 앵그리버드 게임은 깨고, 못 깨고가 중요한 게 아니라 아빠와 머리를 맞대고 쟁탈전을 하는 즐거운 놀이의 대상이 되었다.

나는 나의 사랑하는 아들이 두려워서 세상과 맞서지 못하는 나약한 아이로 자라는 걸 원치 않는다. 공부를 못해도 되고, 키가 작아도 좋고, 영어를 못해도 괜찮다.

다만 건강한 정신을 가진 아이였으면 더 이상 바랄 것이 없다.

이기면 우쭐할 줄도 알고 때로는 겸손하고, 져도 부끄러워하지 않으며 씩씩한 그런 아이.

무모하리만치 용감하게 세상에 도전장을 내미는 그런 사람이었으면 좋겠다.

나는 오늘도 아들이 책상에 붙여놓은 한 장의 종이 위에 적힌 글을 작은 소리로 읽으며 씩 웃는다.

"까짓것, 한번 해 보지, 뭐!"

말은 품성이다

말하는 거 보면 다 안다.

"원장님. 수업료는 매번 드려야 되나… 다 끝나고 드려도 되나…. 어떻게 드려야 되나요?"

"전에는 몇 회기 분을 미리 받고 시작했었는데 이제는 매번 할 때마다 1회분씩 주시면 됩니다."

"그래요? …원장님 요즘 궁하신가 보네…."

나는 웃으면서 이유에 대해서 잘 설명했지만, 생각할수록 기분이 안 좋았다. 결국 알아서 주시라고 하고 나왔지만, 개운하지가 않았다. 아무렇지도 않은 말 같지만 찝찝하고… 내가 작게 느껴지기까지 했다. 일하고 돈을 받는 건 당연한 건데 징딩한 요구 앞에 망설이고 여유 있는 사람인 척 아무렇지도 않게 말하게 되었다. 그러나 돌아온 뒤에는 찜찜하고 맘이 불편했다. 다른 이유가 아닌 그 사람의 '말' 때문이었다.

그 사람이 나쁜 마음을 먹었거나 나를 무시해서 그렇게 말한 것은 아닐 것이다. 원래 소탈한 성격인 데다 스스럼없는 이야기 중에 아무 생각 없이 불쑥 튀어나온 단어 중 하나인 것이다. 사업하는 여성분이고 그전에 전화상으로 상담하는 말투나 결정하는 속도를 보면 깔끔하고 강단이 있어 보이는 분이라 생각되었고 첫인상도 괜찮았으며 수업 전에 물이며 커피에 과일까지 주시고 꽤 시원시원한 분인 것 같았다. 그러나 너무나도 많은 괜찮은 면을 가진 사람이라도 한 단어, 한 마디의 말로 인해 평가되고 달라 보이는 것이다. "궁하신가 보네~"라는 한마디로 그는 나에게 싸구려 같은 사람으로 비쳤고 상처받은 사람도 잘못이겠지만, 내 마음을 상하게 했다. 돈을 지금 받고, 안 받고의 문제가 아니라 자존심의 문제였다. 내가 사소한 것에 너무 신경 쓰는 것일까. 내가 마음이 좁은 사람인가. 마음 쓰지 않기로 생각했지만 불편했다.

말은 사람을 살리기도 하고 죽이기도 한다. 자기도 모르게 툭 튀어나온 말로 인해 누군가의 마음이 상한다면 그 말은 나오지 말았어야 했던 건강하지 않은 말이다.

말은 곧 그 사람의 품성이자 삶의 궤적인 것이다.

나이가 들면 주름이 생기듯이, 말은 흔적을 남기고 나와 누군가에게 영향을 끼친다.

말은 그 사람의 품성에 따라서 나오며 그 사람을 규정짓게 만든다. 말을 아무리 잘해도 진정성이 보이지 않거나 싸구려처럼 보이는 사람이 있는가 하면 말은 어눌해도 진실되게 보이는 사람이 있다. 단어 선택도 그렇고 상황 판단력, 상대에 대한 예의 또한 간과할 수 없다.

"돈이 궁하신가 보네~."라고 무심하게 던졌을 때 그 말을 들은 상대가 돈이 많고 여유가 있는 사람이라면 그나마 웃고 넘어갈 수도 있겠지만, 그렇지 못하고 정말 이 적은 돈이라도 융통할 수 있게 될 것을 기대하던 사람이라면 얘기는 달라진다. 후자가 평소에 자존감까지 낮은 사람이라면 더욱 지울 수 없는 상처가 되는 것이다.

말에 좋은 품성을 든든하게 깔고 그 위에 배려심까지 얹는다면 우리들의 대화로 인해 서로의 삶은 풍요로워지고 서로가 존중받고 위로를 얻는 느낌을 가시게 될 것이다. 빌 한마디로 당신이 평가되고 말 한마디에 당신의 품성과 인생이 묻어난다.

말이 곧 그 사람이다

좋은 말, 말은 성품과 기술의 결합이다.

말은 곧 그 사람이고 또한 성품이다.

말하는 됨됨이를 보면 그 사람이 가정교육을 잘 받았는지, 교앙이 있는지, 부레한지, 섬손한지 알 수 있다. 목사님들이 흔히 하시는 말씀으로 상대와 몇 마디만 해 보면 믿음이 있는지, 없는지 알 수 있다고 하시는 것처럼 말에는 곧 그 사람의 평소 생각이 묻어나게 마련이다. 이렇듯 말은 곧 그 자신이며 생각이고 성품이므로 말 한마디에 기분이 좋아지기도 하고 나빠지기도 하는 것은 몸과 마음이 연결되어 있다는 방증이다.

말은 내용만을 전달하는 수단만이 아니라 그 안에 의지와 감정을 싣게 되고 말의 볼륨, 톤, 억양 등의 뉘앙스에 따라 느낌이 다르기에 말을 한다고 모두 말이 아닌 것이다.

말이 말 같아야 말이고, 말에 내용과 힘이 있어야 말이고, 상대가 알아듣게 말해야 비로소 말이고, 그 말을 통해서 사람이 살아나면 참 좋은 말이다.

말 한마디에 힘을 주고 힘을 얻는다면 큰 힘도 들이지 않고 이 얼마나 값진 일인가.

말은 표정과 생각에 따라서 다르게 나온다. 웃는 얼굴에서는 긍정적이고 좋은 말이 나올 확률이 높고 굳은 표정에서는 심각하고 의지에 찬 말이 나올 확률이 높다. 그러므로 말을 잘하고 싶다면 웃어라. 그리고 생각을 건강하고 긍정적으로 세팅하라.

말하지 않으면
귀신도 모른다

말은 순발력이나 위트가 있다고 해서 잘하는 것이 아니라 성품과 한 끗 차이에서 달라진다.

예를 들어, 이런 문자를 받았다면 어떠한가.

"꼭 참석해 주세요! 불참 시 불이익이 있을 수 있습니다."

왠지 기분이 나빠지고 불쾌하며 참석하고 싶은 마음이 사라져 버릴 것이다. 그렇다면 위의 문자를 이렇게 바꾸면 어떨까.

"꼭 참석해 주세요! 참석하시면 좋은 일이 생길 겁니다."

결국 꼭 참석하라는 같은 말인데 말하는 사람도, 듣는 사람도 느낌이 다르다. 그래서 말 한마디가 중요한 것이고 생각이 중요한 것이다.

5학년 아들이 방학이라 성적표를 받아왔다. 요즘엔 점수로 나오지 않고 '매우 잘함', '잘함', '노력을 요함' 등으로 표기되어서 공부를 어지간하게 못하지 않는 이상 성적표 내밀기가 그리 부끄럽지 않다. 그러고 보면 예전에는 점수나 '수·우·미·양·가'로

뻐시뇌어서 성적표 소리만 나오면 주눅이 들곤 했었는데 사실 '수·우·미·양·가'의 한자 뜻만 보면 생각이 달라진다.

'수(秀)'는 '빼어나다', '우(優)'는 '우량하다', '미(美)'는 '아름답다', '양(良)'은 '어질다, 좋다, 훌륭하다', '가(可)'는 '옳다'라는 뜻이다.

놀랍지 않은가. 나는 이렇게 해석하고 싶다.

성적은 우열을 가렸지만, 그 사람의 가치는 나누지 않은 것이다. 선생님이 '양'을 받은 아이에게 "비록 점수는 '양'이지만, 너는 어질고 좋고 훌륭한 아이야. 그래서 '양'인 거야."라고 말한다면 그 말을 들은 아이는 기분이 어땠을까. 생각만 해도 가슴이 뛴다. 힘이 되는 말, 축복의 말을 하자. 참 좋은 말은 사람을 살리는 말이다.

요즘 되는 일이 없다면 기분 좋게 말하라.

사는 게 재미있고 즐거워질 것이다.